マンガでやさしくわかる 論文・レポートの書き方

吉岡友治 著
青木健生 シナリオ制作
山本幸男 作画

How to Write a Thesis and a Paper

日本能率協会マネジメントセンター

はじめに

　この本は、論文やレポートを書くための技術を、マンガと文章の両方を使って習得するための本です。論文やレポートを書く、という作業は、大学時代のことだけかもしれませんが、実は、言いたいことを分かりやすく論理的に書く技術として、企画書・報告書・説明書など、仕事で書く文章のほとんどで応用できます。いわば、論文やレポートを書くための技術は一生モノのスキルなのです。

　一方、マンガは、現代日本で洗練されたすぐれた表現形式です。もちろん、私もかつて大のマンガ・ファンでした。手塚治虫の『鉄腕アトム』で育ち、『ハリスの風』に心を躍らせ、『フーテン』で人生に思いを巡らせ、『ポーの一族』の幻想性に眼を見張り、『ヘルタースケルター』に衝撃を受け、一方で『綿の国星』もお気に入りの一冊でした。直観性と物語性を兼ね備え、深い内容をスピード感と両立させながら理解させるメディアと言えましょう。

　それに対して、文章はややノロノロしたメディアという印象があります。物語はあっても直観的ではなく、会話にも裏の意味があり、論理や説明も面倒くさく、読むときもいちいち分析してかからねば、意味するところが理解しにくい。まして、書くとなったら、全体構成を考えるとともに、細部でも手続きやルールをいくつか守らねばなりません。

　そういう厄介なメディアに長年関わって来たので、まさか自分にマンガとの関わりが出てくるとは思いませんでした。この本の執筆を引き受けたのは、異質のメディアがどういうバランスで協力してメッセージを効果的に伝えられるか、筆者として体験してみたいと思ったからです。

　やってみたらヴィジュアルと文章のコラボは興味深いものでした。マンガで情感を伝え、文章が論理を引き出す。文章が細かく描写し、マンガで大きな動機や枠組みを伝える。そんなバランスの内に、論文の文章を書く核心が伝えられたように思います。読者の皆様にも、そのメッセージが直観的かつ分析的に伝わるように願っています。

2019年6月

吉岡友治

CONTENTS

序章 Prologue	論文・レポートとは何か!?	7
	私のレポートが通用しない！	8

- 01 ◆ 論文とは何か？ — 14
- 02 ◆ 必要な構成要素は何か？ — 16
- 03 ◆ 論文で高い評価を得るには？ — 23
- 04 ◆ 良い論文を書くには原則を守る — 25

第1章 STORY 1	問いを見つけて、整理する	27
	問題と解決を探せ！	28

- 01 ◆ 課題についての基本知識を得る — 46
- 02 ◆ 解決すべき問いを作る — 49
- 03 ◆ どんな解決にするか — 54
- 04 ◆ 概要を整理する — 58

第2章 STORY 2	論文の構成はどうつくる!?	63
	机上の空論	64

- 01 ◆ 論文の構成は問題・解決・根拠 — 82

4

02 ◆ 論理展開を考える ——————————— 87

03 ◆ 根拠の種類 ———————————————— 92

04 ◆ 問題と解決の見せ方 ————————————— 96

05 ◆ ツッコミと対話すると議論が深まる —— 99

第3章 パラグラフ（段落）の書き方 ————— 105

STORY 3 孔雀よりもヘビ ——————————————————— 106

01 ◆ パラグラフ（段落）とは何か？ ——— 124

02 ◆ わかりやすい段落構造 ———————————— 126

03 ◆ 段落内の順序と書き方 ———————————— 129

04 ◆ 論理展開の典型的パターン ————————— 136

第4章 わかりやすい文の作り方 ——————— 145

STORY 4 似ている二人 ——————————————————— 148

01 ◆ 論文の文章の基本 ————————————— 166

02 ◆ 文章の整理の仕方 ————————————— 170

03 ◆ 接続詞の使い方 ——————————————— 175

04 ◆ わかりやすい文章にするためのポイント — 186

5

| 第5章 | 価値のある論文にするには？ ——— 189 |

| STORY 5 | 対話の姿勢 ——————————————— 190 |

01 ✦ 批判とバイアスを意識して書く ——— 210

02 ✦ 書く仕組みは思考のプロセス——— 218

03 ✦ メカニズムの解明が提案を生む —— 220

04 ✦ 問題を紐解き、対立を超える——— 223

| 付録 | 論文の作法 ——————————————— 230 |

● 引用の書き方 ——————————————— 230

● 参考文献の書き方 ——————————— 231

● 基本の表記ルール ——————————— 232

● 最後にみてほしいチェック項目 ——— 235

序章

論文・レポートとは何か!?

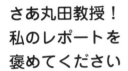

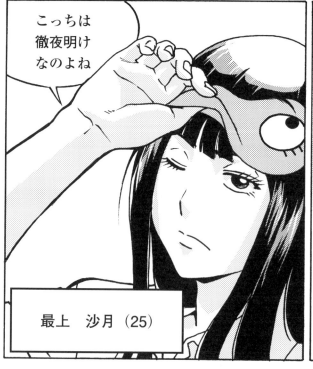

01 論文とは何か？

　この本では「よい論文・レポートを書く方法」を説明することになるのですが、その前提に、まず論文とはどういう文章か、ハッキリさせなければなりません。「どうすれば良いか？」の前に、そもそも「どういうものか？」を理解することが必要です。それが分からなければ、努力のしようもありません。

> 論文はどういう文章かを理解する ＝ よい論文・レポートを書く前提

　まず、論文とは単なる文章を書くこと、つまり作文ではありません。だから、作文がうまかった人でも、必ずしも論文を書くことがうまいとは限らないのです。なぜなら、日本の作文教育では伝統的に「写生文」の影響が強く、「自分が経験した事柄に関する気持ちや感想をありのままに書く」という態度が賞賛されてきたからです。実は小学生の頃の筆者は、作文はすべて母親に書いてもらうチョー劣等生でした。でも、こういう筆者でも、成長すれば「論文指南」の本を書けるのですから、論文を書く能力と作文する能力はあまり関係がないのです。

> 論文を書く能力 ≠ 作文する能力

◆ 論文の目的は何か？

　論文は自己表現が目的ではありません。むしろ、「なるほど、そうだったのか！」と読者に納得してもらうことです。大切なのは、その理解が「理屈に適っているな」と思わせること。それに対して、詩歌や小説の目標は共感を持ってもらうことです。

	目的	方法	方法
論文	納得	理屈と事実に訴える	推論＋データ
詩歌・小説	共感	同じ気持ちを持つ わくわくする	波瀾万丈のストーリー ＋魅力的な登場人物

この二つは、まったく違う心の働きです。「共感」は、理屈が合わなくても、事実でなくても構いません。でも、論文に書くことは、理屈に合っていて、事実に基づかなければダメです。波瀾万丈のストーリーも魅力的な登場人物も不要です。ストーリーとしてはつまらなくても、あくまで理屈通りに進行し、事実と照合している必要があるのです。文章は、ジャンルによって評価ポイントが違うので、書き方も当然異なってくるのです。

◆ 何について論文を書くのか？

では、論文では何を書くのか？ それは自分の意見です。意見とは何でしょう？ ある問題に対して、自分なりの見解を出すことです。身近な例で言えば、「大学祭で何をしようか？」と所属しているサークルのメンバーで考えたとしましょう。そのときに「お好み焼きの屋台を出しましょう！」と言ったとしたら、これが意見です。皆で考えている問題に対する一つの解決法だからです。もしかしたら「焼きそばの屋台の方が良いよ！」と言う別な人の意見も出てくるかもしれません。そこで、ああでもない、こうでもないと議論が始まる。これが論文の基本です。ある問題にぶつかって、どれが正しい答えが分からないときには、自分なりの解決法を意見として提出する。これが、論文の基本です。

論文は意見文 ＝ 問題に対する自分なりの解決

02 必要な構成要素は何か？

◆ 客観的な説明に必要な要素

　もう少し具体的に説明すると、「論文」はある分野における問題を、正面から取り上げて、それがどうなっているかを理屈とデータを使って考え、その解決法を客観的に伝える方法です。「論文」で評価されるのは、巧みな文章表現や個性ではなく、「なるほど、これは大変な事だ」と思える問題と、それに対するハッキリした答え、その裏付けとなる理屈やデータ、それを表す簡潔で正確な文体なのです。

論文 ＝ ある問題 ＋ 明確な答え ＋ 理屈やデータ ＋ 簡潔で文体

◆ 論文の構成要素

　このようにある分野における「問題」、答えとなる「解決」、理屈や事実データで示す「根拠」を、簡潔で正確な文章で示すのが論文の文章ですが、実際に書くときにはそれだけを書くだけでは論文にはなりません。論文にも形式があります。その形式として必要な構成要素が、「表紙」「序論」「本論」「結論」「参考文献」です。上記で説明した「問題」「解決」「根拠」は主に「本論」や「結論」で扱うものです。それでは、他の要素はどのような内容が入るのでしょうか。順番に説明しましょう。

◆ 表紙

　まず「表紙」は、主に論文の概要を示す情報で、レポートなら「提出日」「担当教員」「論文のタイトル」「所属・氏名」などを記入します。卒業論文ならタイトルと所属・氏名・学籍番号などでしょう。書き方は

大学によって異なるので、担当教員の指示にしたがって記入しましょう。

　特に注意が必要なのはタイトルです。あいまいで適当なタイトルをつけがちですが、なるべく具体的で問題や解決の内容がしっかりわかるようにすべきです。例えば「日本の生産人口の推移についての一考察」では、ぼんやりしています。それを「日本の生産人口の減少における経済的影響と対策」にすると、内容がより具体的になります。タイトルは、見ただけで内容がどういうものなのか、見当がつくように書くべきです。言わば、一番短い「要約」なのですね。

◆ 序論

学術雑誌に掲載されるような論文では、タイトルの次に「アブストラクト」と呼ばれる論文の要約があります。これは読者が自分にとって興味があるテーマを扱っているかどうかを判断するためです。しかし学生が書く論文・レポートではつけなくていいでしょう。それより、論文・レポートで取り上げた対象の背景（現状や理想）や先行研究などとの関係を紹介して、これから取り上げる問題の提起と主張、意義、などを「はじめに」というタイトルで書きます。

◆ 本論

　論文のメインとなるところです。先に説明した「問題」「解決」「根拠」はここで展開します。実験・調査などがある場合は、そのやり方についての情報をここで明らかにします。用紙やデータのフォーマットなどは分野によっても違いがあるので、担当教員に確認しましょう。

◆ 結論

「おわりに」として、主張を強調したり、補足したりして、本論のまとめや振り返りを書きます。また今後、この問題がどのように発展するかの課題を予想したり、扱えなかった点などを指摘したりします。

序章

論文・レポートとは何か!?

◆ 参考文献

　本文で具体的に言及・引用した文献について紹介します。参考文献の掲載は学問の「しきたり」です。きちんと対応しないと論文として未熟でルール違反を犯しているとみなされることがあります。また本文の注を、各頁下の脚注ではなく、後注とした場合はここで記します。

論文形式 ＝ 表紙 ＋ 序論 ＋ 本論 ＋ 結論 ＋ 参考文献

◆ 論文とレポートの違い

　さて、学校で課される論文とレポートですが、その違いはどこにあるのでしょうか。「レポート」とは、もともと報告の意味です。これは、いろいろと本を読んだりして調査し、その結果を誰かに伝えるというタイプの文書です。これに対して、アメリカの大学ではレポートという名称は使わず、エッセイと言います。さまざまな資料を参照するのは当然ですが、むしろ自分の意見を主張するところに力点が置かれています。

　これは、**学問の本質が「独創性」にある**からです。世界中で誰もまだ言っていないことを、自分が最初に述べるということが学問の意義です。その精神を尊重するなら、たとえ学生の書く論文でも、読んだ資料をまとめて終わるだけでは評価されません。学部でも、なるべく自分なりの解釈や考え方を出すことが要求され、大学院なら、実際にその意見が実際に独創的であることが求められます。もちろん、他人の論文を丸写ししたり、注なしであたかも自分の文章のように書いたりすれば、落第どころか退学させられかねません。

　とはいえ、自分独自の主張を出すにも、何がまだ言われていないかを調べる必要があるので、いろいろ資料に当たらねばならないし、そこに何が書いてあるかもまとめなければなりません。とすれば、結局、論文

とレポートはその過程において、実質的には似たものでありながら、違ったところに焦点を置いた言葉と考えられます。つまり、レポートは理解を報告することが主であり、論文は独自の意見を主張するための文章だということになります。そもそも論文に必要な「独自の意見」は、上記で説明した問題と解決に集約されます。ですから、論文もレポートも形式は同じであり、違っているのは強調点だけなのです。

　高校などで「小論文」という科目を習った人がいるかもしれませんが、「小論文」は、大学で書く「論文」や「レポート」の短くなったもの、つまり、ひな形にあたると考えて良いでしょう。だからこそ、大学入試でも課されるところが少なくないわけです。

調査してまとめる ➡ 自分独自の意見を形成する
　　　＝　　　　　　　　　　＝
　レポート　　　　　　　　論文

×× 科看護師のストレスと自己効力感

指導教員　×× 教授

○ ○ 大 学 看 護 学 部
学籍番号　：　0××××
氏名　　　：　□□　△△

表紙の例

●序論

はじめに

　近年、社会環境の変化は急速であり、以前に比べて多くのストレスを強いる傾向がある。実際、××年の厚生労働省の健康状況調査では、全国の労働者の男女ともに約60%の人が何らかの不安や悩み、ストレスを感じていると報告されている。（中略）

　ストレス反応の程度は、原因となるストレッサーの強度や持続時間にもよるが、ストレスをうける個体側の性格や年齢などの要因にも関係している。したがって、ストレス障害を予防するには、まず、その要因に気付くとともに、その要因の軽減、個々のストレス耐性の強化がポイントになる。

　看護師の業務も、医療技術の高度化や医療システムの複雑化に伴い、その過酷さを増している。これは、看護職が、医療に携わる重責に加え、患者との良好な対人関係の構築が要求されるためだ。[1)2)] したがって、他の職種に比べてストレスが高いだけでなく、精神的、身体的に疲弊すると、質の高い看護ケアの提供が困難になり、離職やバーンアウトを引き起こす。

　特に××科病棟に勤務する看護師は、患者に対して心理的アプローチをおこなう比率が他科に比べて高いが、患者の入院が長期化すると、そのケアの効果が見えにくく、無力感、消耗感が昂進するとともに、危険行動に対する被害意識も関与するからである。実際、…（中略）

●本論
第一章　ストレスと看護職

1．ストレスとは
1）ストレスの定義

　ストレスの概念の基礎を築いたのは、ハンス・セリエ(Hans Selye)である。彼は「ストレスとは生体の中に起こる生理的・心理的な歪みであり、このストレスをつくるものが外から加えられたストレッサーである」と述べる。（中略）

2）看護師のストレスの特徴

　看護師は他の職業の女性と比較して、仕事量の負担や役割葛藤などのストレスが高い。××ら(200×)は、職業性ストレスの職種差を検討した研究において、看護師は他の職種に比べ、仕事量や仕事量の変動が大きいと報告した。看護師の基本的な仕事を大きく分けると、「患者への療養上の世話」と「医師の診療補助」である。患者の生活全般の看護援助に関わり、また医師と一緒に治療の担い手となり、高度化する医療技術に対応した診療の介助に携わり、仕事の範囲は広く煩雑である。他の職種と比べて、業務内容は複雑で多大な仕事量と変動がある。この結果、身体的にも精神的にもストレスが高くなる。（中略）

序論と本論の例

序章 ─ 論文・レポートとは何か!?

2. 研究の目的
　しかしながら、これまでの研究では、ストレス要因とストレス対処の報告にとどまるものが多い。とくに、ストレスは、個人の性格や環境によって異なるが、年齢による変化や経験年数による変化の研究が不十分である。その中でも、看護師の自己効力感を明確にした研究は少ない。
　そこで、××科看護師の年齢と経験年数によるストレスを客観的データによって分析することで、ストレスを具体化し、さら経験年数別のストレスと自己効力感との関係性を明確にすること、今後のストレス対応に大きな意義があるだろう。（中略）

第二章　調査とその結果
1）対象者
　職場環境や労働条件を統一するため、民間の××科専門病院○か所に調査を依頼した。そこに勤務する看護師、准看護師 232 名のうち有効回答が得られた××名を対象にした。（中略）

2）手続き
　各病院の看護部長に研究の主旨等について説明し、同意を得た。その上で、看護部を通じて病棟・外来などの各部署ごとに無記名自己記入式質問紙の配布・回収を依頼した。（中略）

　性別
　男性××人（○%）、女性××人（△%）
　職種
　看護師××人（○%）、准看護師××人（△%）
（中略）

3）看護師、准看護師総数××名の分析結果

精神科看護師ストレス 27 項目の平均値が高いもの
　　1 位、Q17 自殺企図をされた経験
　　2 位、Q25 医師からの不当な命令がある時
　　3 位、Q11 言葉による暴力を受けた時（以下略）

ストレス項目	看護師数	平均値	標準偏差
Q1 拒食状態にある患者の看護	221	1.78	1.246
Q2 診断不明の患者の看護	222	1.79	1.175

3

本論の例

Q3 拒薬する患者の看護	223	2.23	1.204
Q4 無為・自閉状態にある患者の看護	224	1.68	1.225
Q5 食べ吐きを繰り返す患者の看護	221	2.13	1.229
Q6 患者が指示を守らない時の看護	222	2.47	1.083
Q7 身体合併症を持つ患者の看護	224	2.09	1.250

以下略

● 結論

考察

　全体的に、ベテラン層に比べて、若年層で「行動の積極性」の自己効力感が高かった。久保ら(2007)によると精神科看護師職務満足度の研究で「職務満足度合計点は経験年数 3 年未満群が最も高い」と指摘している。つまり、看護師としての実践から職務満足を得るとともに、自信ややる気が出て、行動の積極性が備わるのであろう。実際、榊原ら(2008)は、自己効力感は「仕事への満足感を高め、職業継続意思を持続させることで自己効力感が高まる」とする。仕事そのものへの興味・関心が、動機づけとなるような内発的動機付けを高めることで、役割を積極的にこなす意欲を引き出すとともに、自分への能力への自信を持たせ、自己効力感が高まると考えられる。(中略)

● 参考文献

引用文献

1) ○○直子,他：××科看護師のストレス要因を探る,日本○○学会論文集,××看護,38,170-172. 20××.
2) ××勇一,他：××科看護師のバーンアウト傾向とストレスに関する検討,日本○○学会論文集,看護管理,30,90-92. 20××.

(以下略)

結論と参考文献の例

03 論文で高い評価を得るには？

期末レポートなどでは、ある程度文献を読ませられたり講義を受けたりした後に書くことが要求されるわけですから、先生が適当なサイズの問題を設定します。たとえば、「人生における幸福とは何か？」という普遍的な問題ではなくて、「古代ストア派における幸福の概念とは何か？」と限定される。参照すべき文献も講義で触れられているはずなので、それらを読んで、その中の主張をまとめればいい。先生の方も「書けそうな内容」をちゃんと考えているわけです。

つまり、適切な問題を取り上げられるような興味と関心を持ち、ハッキリした解決を出せるまで考え続ける思考力があり、必要なデータを根気強く調べ、きちんとした日本語で表現できれば良いのです。もし論文・レポートの評価が低かったのであれば、その原因は主人公の書いた「論文」が問題と解決という構造を取っていなかったためかもしれません。あるいは、途中で理屈がグチャグチャになっていたのかもしれないですし、ちゃんとした文献を読まずに仕上げた、あるいは、それさえせず、個人的な感想にこだわったものであった可能性もあります。

◆ 個性より型が大切である

よい論文は文学とは違います。クリエイティブ・ライティングのような表現についての授業なら、感想文でも、自分の独自の発想とアイデアを個性的な文体で書く必要があるでしょう。でも、論文には、個性的な文体も巧みな修辞も必要ありません。むしろ、問題を見つけて、ひたすらシンプルに分かりやすく書いて、ハッキリした解決にたどりつく。だから、文体では個人の特徴や個性を強調しない方が良いのです。

筆者は、こういう論文の書き方をシカゴ大学というところで習ったのですが、教授の最初の一言が「これから君たちをシカゴ・スタイルの型

にぴったりはめ込まねばならない！」であったことを、今でも鮮やかに覚えています。アメリカだから「個性を出す」ことが称揚されると思いきや、「型にはめる」ように厳格で一律な書き方を強制されるのです。大学・大学院に入ると、とにかく、何学期か論文の型を徹底的に学ばされるので、個性を発揮する隙などないのです。

論文の文体 ＝ 無個性 ＋ シンプル ＋ 型にはめる

　書き方には個性は要らない、簡潔で分かりやすければ良い。では、自分の個性はどこで出すのか？　簡単です。面白い問題に目を付けること、それに対して鮮やかな解決をだすこと。つまり、アイデアの勝負、先ほど伝えた「独創性」の勝負なのです。読む人が「なるほど、そうだったのか！」と、はたと膝を打つ。その勝利の瞬間を目指して書かれるべきなのです。「独創性」を目指す姿勢は重要です。論文を書くとは独創性を目指す練習であるべきなのです。その独自の考えを効果的に表現するには、どんな構造で、どんな書き方をすべきなのか、を学ぶのが「論文の書き方」なのです。

良い論文と悪い論文

	要素と徴候	評価される能力と資質
良い論文	適切な問題 ハッキリした解決 論理的思考 データを調べる 簡潔な日本語	分野に対する興味と関心 論理的な思考力 根気強い調査力 普通の日本語能力
悪い論文	問題が曖昧 解決が明快でない 個人的感想に終始する 文献を読んでいない 過度に個性的な文体	興味と関心が薄い 論理的な思考力が弱い 事実を確かめない 個性への思い込みとこだわり

04 良い論文を書くには原則を守る

◆ 原則を知って練習を重ねる

　良い論文を書くには、やり方をきちんと知るだけでなく、何度も練習するプロセスが大事です。日本の伝統舞踊では、まず師匠が振りを踊って見せます。弟子は、それを真似して覚えます。一通り踊れるようになったら、師匠の前で踊ってみる。すると「そこがダメ」「ここはこうするもんじゃない」と批評されます。その短い言葉を手がかりに、また自分で試行錯誤しながら練習します。でも、一回で全部は直せません。一つ直すとバランスが崩れ、もう一つ直すと、前のところを忘れる。だから、何度も繰り返して、自分の身につける。そうして、ようやく踊りの「型」が完成する。

　論文もこれと同じです。「どういう風に書けば良いのか？」を習っただけでは、実は、まだ何も身についてはいません。原則を正確に覚え、それを何度も自分で繰り返してやってみる。外国語も文法と単語を覚えただけでは上達せず、読む・書く・話す・聞く、など、いろいろ使ってみてはじめて上達するのです。論文も言語の技術なので、上達の方法は同じです。正しい原則を覚えた後に、たくさん書いて正しい型を身につける必要があります。特別な才能は必要ありませんが、努力と鍛錬がいるのです。

　よい論文を書く ＝ 法則を知る ＋ 練習して身につける

◆ 論理的文章力は一生モノ

　その代わり、いったんこの力が身につけば一生モノです。学校での論

文・レポートだけでなく、報告書・企画書・説明書・自己評価書・志望
理由書……など、世の中で文章を書かねばならない機会は無数にありま
す。しかも、その大部分は詩歌や物語などの「文学的文章」ではなく、
むしろ、論文に代表される「論理的文章」です。この本で、正しい方法
を習得して、技術を身につければ、高度な内容でも分かりやすく書ける
ようになります。この技術が、どれだけあなたの人生に役立つことか、
今はまだ分からないかもしれませんが、そのうち、きっと実感する日が
来るはずです。

　でも、まず正確な理解から始めましょう！　方法が間違っていたら、
いくら練習しても何にもなりません。むしろ、間違った方向にどんどん
進んでいくと、間違いに気づいて引き返すのがおっくうになります。結
局、今まで費やした時間がもったいないので「自分のやっているやり方
こそが正しい道なのだ！」と開き直ってしまう。そのため、さらに間違
いが深まって「こじらせて」しまうのです。時間的にも労力的にも大き
な損失なので、絶対に避けましょうね。

第1章

問いを見つけて、整理する

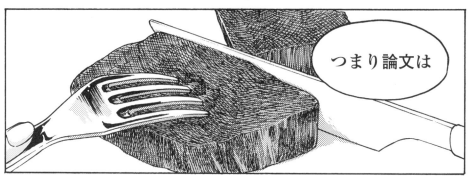

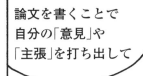

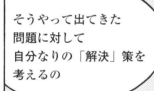

01　課題についての基本知識を得る

◆ レポートの課題作業

　期末のレポートなどでは、普通教師から課題が与えられますが、高校までの記述問題などとは違って、これも、直接答えられません。なぜなら、たいていの場合、レポートで出題される問題はかなり大雑把な形をしていて、簡単に答えられるようになっていないからです。たとえば「プラザ合意がなされたのは何年か？」という一言で応えられる問題はなく、「プラザ合意の意義は何か？」などという形になります。この場合は、この「合意」が結ばれた経済的背景があり、その後の世界にどういう影響があったか、現代にどうつながっているか、などと、問いが分割され、それに順次、答えていかなくてはいけません。つまり、その課題＝問題をいろいろな角度から検討して、解答できる形に落とし込むのは同じことなのです。そのためには、課題の周辺を調べて基本知識を得て、その位置づけを知る必要があります。そのうえで、その課題を自分にも解決できそうな、もう少し細かい問いに落とし込むのです。

出題からレポートまでの作業の流れ

| 課題が出される・アイデアを得る |

| 課題・アイデアの周辺を調べる |

| 必要な基本知識を得る |

| 自分に解決できそうな問いに落とし込む |

　論文の場合は、そもそも最初のアイデア自体をどう発想するのか、と

いう疑問もあるかもしれません。その答えは簡単です。長く考えれば、大体アイデアは出てくるからです。たたとえば、授業の中で聞いて気になったこととか、本を読んでひっかかったところとか、体験や経験とか、何でもアイデアの元になります。それを疑問の形にして、その周辺を調べて、そこから問題に落とし込むわけです。

　論文の場合に、アイデアから問題をどう構成するか、は後で述べるとして、まずレポートの場合でもって考えてみましょう。たとえば「古代哲学における快楽の概念について」という課題が出された、あるいはそういうことに興味があったとします。この場合は、どちらかと言えば報告型の文章になるかもしれません。つまり、ある問題について、自分独自の意見を出すというより、今までの講義を振り返り、そこで出された文献にいろいろあたって、何がどう書いてあったかをまとめて、その結果を分かりやすく正確に述べる、という順番になります。よく使われる「レポート」という言葉は、こういう作業にピッタリですね。

報告型 ＝ 文献を調べる ＋ 要約する ＋ 分かりやすく整理する

◆ キーワードを拾って調査につなげる

　まず、キーワードをいくつか拾いましょう。「古代哲学」と言うのですから、だいたいどの分野を調べれば良いか、は見当が付きます。もし「西洋哲学史講義」などで出された課題だったら、まず過去の講義ノートをひっくり返して、古代つまりギリシア・ローマあたりの内容を思い出します。ここでは、とくに「快楽」の考えが中心テーマらしいので、そういう記述に注意して読み進めます。もちろん、その中で触れられていた文献も図書館で探して、当該部分を読んでみた方がいいでしょう。そうやって古代哲学における「快楽」という言葉が、どこでどういう風に使われていたか、それが後世にどういう影響を与えてきたか、などだい

たいの流れを理解します。

　そうやって細かく読んでいくと、ヘレニズム時代のストア派とエピクロス派では「快楽」の概念が大きく違っていることに気づきます。「古代哲学における快楽」という大雑把な言葉が、調べていく内に特定されて「ストア派とエピクロス派における『快楽』の概念の違いについて」という、より焦点が狭くなった課題になってきます。このような比較を論文のタイトルにすれば、ある程度具体的な内容で書けそうです。そこで、これをタイトルに決めます。

　大ざっぱな課題 ➡ 特定化する ➡ 焦点を狭めた明確なタイトル

　タイトルを作ることで、それを巡ってその先に考えを進めていく基盤が作られるのです。

◆ 論文は話題からはじまる

　そもそも論文・レポートは「これは……について書かれている」と言った場合の「……について」にあたる内容・話題（Topic）で言い表されます。前述したように最初の思いつきや、与えられる課題は、大雑把なものです。それを学生が個人の裁量で自分なりの問いに仕立てていきます。どういう問いに仕上げていくかに個性が表れていると、それも評価の対象になります。教師も、適切な問題を選ぶセンスを見たいのです。

　古代哲学という分野でも、ある学生はアリストテレスを中心に書くかもしれず、他の人はストア派を中心にする、などと力点の置き方を変えて書けます。そういう風に、やや広いアイデアや課題から、自分なりにカスタマイズして焦点を絞って書くことで、論文・レポートのタイトルが次第に決まってくるのです。

　課題やアイデア ➡ 自分なりにカスタマイズして書く ➡ タイトルを決める

02 解決すべき問いを作る

◆ 話題から解決すべき問いを作る

　もちろん、話題や仮タイトルが決まっただけでは、何を書くか全部決まったわけではありません。話題だけでは、単にどういう方向で何を論述していくか、という方向が決まっただけです。前述したように、意見文である限りはある問題に対する解決という、具体的な形式に持ち込まなければなりません。

　そのためには最初の問に対して、「どのくらい」とか「どういう風に」など、より細かな問いをつけ加えて分解していくわけです。たとえば前述の「ストア派とエピクロス派における『快楽』概念の違いについて」については、「どこがどう違うのか？」とか「人間の心の働きの中で、そもそも快楽の位置づけはどうしているか？」「そういう快楽の捉え方が、生き方や倫理にどういう影響を与えたのか？」「誰がそういう主張をしたのか？」「背景にある根本思想は何か？」などという一連の問いにしていきます。これらに順次答えていけば、元の大きな問題にもより詳しい形で答えたことになるでしょう。

　全体のタイトル ➡ 関連する一連の問いを作っていく

　もちろんこのような作業は、書く準備段階として資料を読むときにも大切になります。漫然と眺めるだけではなく、あらかじめ大きな問いをいくつかに分解しておいて、その問いに対する解答になりそうな箇所を注目して読みましょう。気になった箇所をPCにノートすれば、問いに関連するところはどこか、自分がとくに何に興味を持ったのか、ということも分かって、レポートを書くうえで大きなヒントになるはずです。

◆ 先行研究を調査する

　そのようにして、元のぼんやりした話題から自分の追究したい問いがある程度ハッキリしてきたら、今度は、それらの問いに関連しそうな先行研究を読みます。「先行研究」とは、ある特定の問題について、過去の研究者が主張してきた論文ないし著書のことです。人文系なら学術本の形になっているものが多いし、社会科学系や理系では学術誌に論文の形で掲載されているものが多いでしょう。そういう本や論文に当たって、過去の人が、関連する問題について、どういうことを言ってきたのか、確かめるべきです。

　　取り扱う話題・問題が決まる　➡　先行研究を調べる

　「いちいち面倒くさいな」と感じるかもしれませんが、これはどうしてもやっておかなければなりません。なぜなら、論文を書くとは、ある意味で、すでに行われている会話に後から参加するようなものだからです。ある話題について活溌に会話が行われていて、その輪の中に自分も入って、一言コメントしたり発言したりする、というイメージを持って下さい。

◆ 会話のレベルにキャッチ・アップする

　会話がはずんでいるときに、そこに入って、あまりにも場違いの発言をしたり、ただ相手の言うことにオウム返しするだけでは「なんだ、こいつは？」と思われて、恥ずかしい思いをするでしょう。

　逆に、その場で行われている会話をよく理解し、それをさらに先に進めるような面白いコメントが出来たら、他の参加者から一目置かれます。前者なら周囲からの評価は低いし、後者なら評価が高くなる。論文の評価も、ちょうどそのようなものだと思って下さい。

50

先行研究を調べる ＝ 話題のやりとりに参加するための準備

◆ 議論のレベルを知る

　だから、現在の段階で、その話題ないし問題について、どのような議論が、どのようなレベルで行われているか、を確かめてから、会話に参加する必要があります。それが「先行研究の調査」の意義です。もしかしたら、発言している「過去の研究者」はもう死んでしまって、この世にはいないかもしれないけど、そういう人とでも論文を読むことで会話できるのが、文章というメディアの有り難さなのです。

　だから、論文を書く時も、他の人が自分の取り上げようしている話題について、過去にどんなことを述べているのかがきちんと分かっていないと、そもそも話題の進行についていけないし、他の参加者にとって有益なアイデアを出すこともできません。今行われている議論に対して批評や感想を述べるにしても、的外れに終わるでしょう。そんなことにならないように、同じような問題を扱った先行研究にはあらかじめ当たって、その内容を頭に入れておくべきなのです。

有効なコメント ＝ 現在の話題のレベルに合わせる

◆ 学問の共同性に参加する

　学問は、芸術とは違って基本的に共同作業です。ある人が出した問題でも、必ずしもその人自身が完璧に解けるとは限りません。あるいは自分では解き切ったつもりでも、実は追究が不十分で問題が残っているなどということもしばしばです。だから、他の人が、その不十分性に気づいて検討してみると「これじゃダメだ」と分かって、もう一度解き直すことになることも珍しくありません。

それどころか、とっくの昔に解決されたと思われていた問題も、よく眺めてみると、もっと面白い問題が埋もれている、ということすらあります。たとえていえば他人の掘った穴を利用して掘れば、もっと深くまで掘れるようなものです。そういう意味で、先行研究に当たる、ということは、言わば問題のたくさん含まれている鉱山に分け入っていくようなものです。先行研究の検討をおろそかにしてはいけないのです。

先行研究に当たる ＝ 先人の残した問題にぶつかる ＋ 新しい視点が開ける

人間の能力には限りがあるので、すべてのことができるわけではありません。途中まで一生懸命追究しても、先がそのままになっていたり、関連する問題や可能性を網羅できずに終わっていたりすることが多いのです。それが目に見えない問題となって、そこら中に埋もれています。それを見つけ出して、自分なりに解明すれば、それが自分のオリジナルな論文になります。そういう意味で、先行研究を調べて理解し、その中から問題を探して受け継いでいくのは、問題をハッキリさせ、新しい問題を見つけるなど、有用なことだらけなのです。

先行研究の調査 ➡ 問題を深める ➡ 新しい展開のヒント

つまり、興味を持った話題から問題を見つけるには、「あれ？　これでいいのかな？」とか「こう考えた方が良いのではないかな？」と新しい疑問や矛盾を感じる内容を見つけることが大切なのです。「よく分からないけど、ここはどこかおかしい」とつっこみどころを感じたら、それをメモしておいて問題として立て、それを解こうとするプロセスを書いていくだけで「論文」や「レポート」になるのです。

どんどん新しい問題が出て来るという意味で、**先行研究を読むことは、問題を更に深め、解決を充実させ、自分なりの考えを発展させていく作**

業の不可欠な一部です。先行研究を読むのは問題を見つけるためであって、ただ影響を受けて「これはすごい！」と感心するためではないのです。

◆ 疑問を持つ態度を育む

もし先行研究に触れて、いろいろ疑問を持ったり、考えたりする態度が身につけば、当然、その態度はさまざまな場面で適用できます。TVを見ても、新聞を読んでも、そこで使用された資料やデータを見ても、その一つひとつに「これはどうなの？」とツッコミを入れることが出来る。その疑問に対して、可能な解答を考えて、それが成立するかどうかを検討してみる。これを仮説構成作業と言います。

はじめの内は、どうツッコミを入れて良いのか、どう仮説を立てていいのか、よく分からないかもしれませんが、いくつか過去の有名な論文を読んでみれば、それらはすべて、さらに過去に書かれた論文へのツッコミになっていることが、すぐ分かるはずです。だから、先行研究を読めば、その分野のツッコミのお作法も分かるのです。

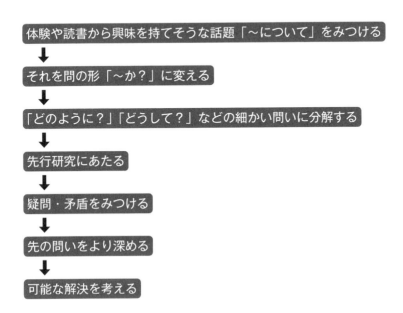

03 どんな解決にするか

◆ 仮説を考える

こんな風に話題から問題へ、問題から先行研究へ、そこからまた新しい問題へ……と考えを進め、最終的には、それらの問題をまとめたより大きな問題に対する妥当な解決と、その解決をサポートする仮説を立てる、という段階に行き着きます。

仮説とは、ある問題に対する解決が正しい、あるいは、もっともだ、と感じさせるような材料を並べたものです。しかも、その並べ方はバラバラになっていてはならず、一定の形式と順序にしたがって、一貫した内容を持つように、整理されていなければなりません。その解決を成り立たせることができる構造が「仮説」なのです。

妥当な解決
↑正しさを保証する仮説
整理された材料

たとえば、「ストア派とエピクロス派における『快楽』の概念の違いについて」から、「ストア派とエピクロス派において『快楽』の概念がどう違っているか?」という大元の問題を引き出したら、次には「違いは……にある」という形で、問題に対する解決を端的に出す必要があります。

しかも、そういう相違点を明確に示すには、考え方を比較・対照する必要があるでしょう。具体的には、二つの内容を比較・対照するには、まず二つの学派の「快楽」についての主張を、それぞれまとめて、それらを「それに対して…」などの対照・対比を表す役目の接続詞でつない

で並置するなど、分かりやすく可視化された構造を作る必要があります。

```
[相違点を明確に示す]
      ↓
[比較・対照する]
      ‖ 構造
[それぞれ要約する] + [接続詞でつなぐ] + [対義語の対を選ぶ]
```

　実際、食欲という「欲望」について比較するとなると「ストア派は食欲について、このように述べている。それに対して、エピクロス派は食欲を、これこれと規定する」というように同じ「食欲」というポイントについて、並べて比べなければなりません。ストア派については「食欲」、エピクロス派については「名誉欲」などのようにバラバラでは意味をなさないのです。

　とくに、二者の違いを焦点化する場合には、反対語や対義語などクッキリと意味の違った対になる言葉を使うべきでしょう。たとえば、幸福に通じる道は「欲望を否定する」のか、それとも「欲望を最小化する」のか、などと明確な対比が出来れば、「どう違うのか？」という問いに対して、よりクリアな解決が示せ、クッキリした解決になるでしょう。

[仮説の明確な構造] ➡ [解決の正しさ]

　このように「ここがポイントで、これほど違うのだ！」と見せつける構造を作ることで、「どこがどう違うのか？」という問いに答えることになるわけです。もちろん、その主張に必要なデータはたくさんあった方が良いでしょう。そういう場合には、「〜によれば」などの形で資料から引用したり先行研究の主張を紹介したりしながら、読者の前に繰り広げていくわけです。

◆ 差別化して独自性を出す

　解決を示す場合には、もちろん、先行研究の主張との差別化をする方が良いでしょう。「差別化」とは、違いを出すことです。他人の述べたことと同じことを繰り返すだけでは「独創性／新奇性がない」と思われてしまいます。学問で一番大事なのは、他の人と違うことを述べること、つまり独創性であり、常識的であるとか協調的であるとかいう態度はまったくと言っていいほど評価されません。少しでも良いので、どこか違ったところを指摘して、独創性／新奇性をアピールすると良いですね。

　もちろん、これはただ「非常識な主張をする」ことではありません。学問における非常識とは、当然知っているべきことを知っていないために、突飛な言動をしてしまう、ということを意味します。しかし、突飛な主張は必ずしも新しくありません。たとえば、法律や倫理の議論をしている場で「人間は所詮自分のことしか考えないので、法律や倫理など、あっても無駄である」と言うのは一見、新しそうな感じがします。しかし、これは倫理学において「利己主義説」として、すでに詳細に検討されています。全否定する主張は簡単なので、すでにそういう議論は過去にいろいろと研究されているのが普通なのです。それを知らないで「法律や倫理の無効性」を言い立てても、それはたんなる情報不足に過ぎません。

　したがって、論文における独創性／新奇性とは、単に人が言わない説を述べることではありません。そういう説の大部分は、すでに「ダメだ」と捨てられた説なのです。そういう経緯を知ったうえで、今まで誰にも気がつかれなかった「新発見」や「新解釈」を述べることが「差別化」なのです。

独創性・新奇性 ＝ 知るべき知識を弁える ＋
誰も気がつかなかった新発見・新解釈を述べる ≠ 突飛な説を述べ立てる

◆ 独創性・新奇性の練習をする

　ただ、そうは言っても学生が書く論文・レポートなのですから、かんたんに、そういう「新発見」や「新解釈」はできないはずです。「これは新発見だ！」。「これは新解釈だ！」と喜んでも、もう誰かが、ずいぶん前に見つけたり主張したりしていることがほとんどでしょう。人間の発想などだいたい似ているので、自分の考えることなど、すでに誰かが考えている内容と考えて、まず間違いはありません。

　それでも、そういう「新発見」「新解釈」を目指して練習・訓練する、という姿勢は学問の理念から言って、重要なのです。そういう意味で、論文・レポートを書く場合には、何か新しい内容を少しでもいれる努力をすべきでしょう。

独創性／新奇性につなげる ➡ 新しい内容を入れる努力と練習

04 概要を整理する

◆ アウトラインへ発展させる

さて、ここまで考えたことをメモの形で残しておきましょう。論文は言語の産物であり、その特徴は一次元的に進行する、ということにあります。つまり、ある内容や言葉が先に来たら、他のものは後に来る、という先後関係があるのです。同時にいくつかのことを述べることはできません。最初に来た方が当然大事そうに見えますから、これは、内容に優先順位や価値の相違をつけることも意味します。だから、考えたさまざまな内容に、先後関係を付けて、大事な順番に並べなければいけません。これを「アウトライン」と言います。

これはビジュアル・イメージの場合と大きく違いますね。絵や図では、顔の横に手があったり身体の向こうに風景が見えていたり、など同時的な並列が可能です。先後関係はないので、時間的・価値的な順序など無視できますし、一挙に要素を示しても構いません。

メディアごとの特徴

文章	先後関係、時間的順序、価値的な順序
ビジュアル・イメージ	同時的な並列、一挙に要素を示す

たとえば、前述した「快楽」の捉え方では「両者の間で、どこがどう違うのか？」「快楽の位置づけとは、そもそも何か？」「そういう捉え方が倫理や生き方にどういう影響を与えたのか？」などの問いは、おのおの別の問いなので、これを一挙に提示することはできません。適当な順序にして、ひとつひとつ並べて構成する必要があるのです。

先後関係をつける ➡ 優先順位を表す ➡ 分かりやすく並べ替える

58

◆ 文章は小出しのメディアである

このように、文章は、必ず何かを先にし、何かを後にするという関係をつけなければ表現できないので、どちらが重要か、単純なものから複雑なものへなど何らかの秩序を決めて、一つずつ小出しにする必要があります。

しかし、脳内のアイデアは、必ずしもそのような順になっているわけではありません。むしろ、いろいろ考えているときは、あっちに行ったりこっちに飛んだりと、とりとめのないのが普通です。でもそれだと、どんなに自分で深く考えているつもりでも解決はつかない。人生相談ではないけれど、絡まり合った問題を一つひとつほぐして、一つひとつ解決していく。そうして、一つの問題解決で得たものが、次の問題に対する手がかりになっていく、という構造を作っていくわけです。

前述した古代哲学における「快楽」についての問題も、「背景にある根本思想は何か？」という問題はより一般化された内容なので、「どこがどう違うのか？」という個々の具体的な比較の後に来るべきだし、「そういう捉え方が古代の生き方にどういう影響を与えたのか？」は社会的影響の話なので、思想そのものというより、そこから派生した影響でしょう。とすれば、さらに、後の方に来そうです。逆に「誰が、どうして、そういう主張をしたのか？」は、「どこがどう違うのか？」という内容に関する問題の直後に来た方が良いでしょう。

問題	意味
両者はどこがどう違うのか？	比較・対比
誰が、どうして、そういう主張をしたのか？	主体・状況
背後にある根本思想は何か？	起源
生き方にどういう影響を与えたのか？	影響

こんな風に、一連の問題に、順序や重要性を決めれば、どれから先にして、どうつなげて、一番言いたい内容につなげていくか、という仕組みをでき、全体を書くことができるでしょう。これが「アウトラインを作る」という作業なのです。

◆ 目次を作って考えを深める

アウトラインの代わりに、よく行われるのは、目次を作ることです。だいたいのタイトルを決めたら、大元の問題を考え、その解決に至るまでにどんな細かな問題をクリアしなければならないか、大元の問題から派生したり、大元の問題の前提になったりしそうな問題を並べ、それを1…、2…、3…と番号付けします。さらに、たとえば、2の問題だったら、その問題を解くための解決とそのサポートとして、何を書くか、メモしておきます。つまり、1.1…の問題、1.2…の解決、1.3…の根拠、1.3…の事例、などと必要な要素を並べ立てていくわけです。そうすると、全体の目次ができるので、論文の全体像が見えてくるはずです。

目次の例

```
1 ストア派とエピクロス学派
2 欲望の捉え方の違い
  2.1 ストア派の欲望
  2.2 エピクロス学派の欲望
3 それぞれの根本思想
  ……
```

この時に参考になるのがシナリオ・ライティングで使われる「ハコ書き」です。大元の問題をいくつかの細かい問題に分けたら、その細かい問題の一つひとつをカードに書きます。それをテーブルの上などに並べ

て、どういう順序で扱えばいいか、実際にカードを並べることで見極めていくわけです。論文でも、問題とそれに付随する解決・根拠などの要素をカードに書いてテーブルや床に並べます。同じ作業をPC上で表示できるアプリケーションもあるので、それを使ってみても良いでしょう。

ただ、このようにして順序を決めたからと言って、そのとおりに書き下さねばならないというわけでもありません。シナリオ作法でも、何かアイデアがひらめいたときには、むしろ事前に考えたプランを放棄して、直観の目指す方向に従うことも大切だと言われます。論文でも同じで、事前に決めた順序はあくまで参考に過ぎません。それでも、**アウトラインや目次を作るからこそ、新しいアイデアも出てくる**ので、アウトラインが不要だということではないのです。

だから、アウトラインを作るということは、それで自分をガチガチに縛ることではありません。それを作ることで、自分の考えを可視化して、そこから新しいことに気づくというツールと考えるべきでしょう。

アウトラインを作る ➡ 新しいアイデアも出てくる

◆ 目次が出来たらとにかく書きまくる

さて、論文の全体の目次がとりあえず出来て、書くために必要な要素もだいたいそろえた、それを並べてアウトラインも一応書いてみたとしましょう。そうしたらどうするか？　とにかく良き日を選んで、その一日ないし数日を潰して、目次やアウトラインに従って最後まで書いてみることです。

このとき大事なのは、一応の結末に達するまで**絶対に途中で止めない**こと！　これは本当に大切なことで、一度止めるともう一度そのレベルまで上げるのが大変だからです。運動でもそうですが、最高のパフォーマンスができる状態に持っていくのは、それなりに大変です。準備運動

もしなければならず、イメージ・トレーニングも必要だし、そのうえで
実際にいくつかの部分をやって気分を高める、など、かなりの準備作業
が必要になります。そのうえで実際のパフォーマンスが行われます。そ
れなのに途中で止めたら、それまでにかけた時間が全部ムダになり、ま
た始めから準備しなければなりません。それは、あまりにもったいない。

第一稿 ＝ **途中で書くのを止めない** ＋ **なるべく区切りまで終わらせる**

　だから、とにかく書くのです。「トイレに行く時間も惜しんで書き続
けよ」と先人は言っています。そうやって書いていると、ときどき、自
然に言葉が湧いてくる瞬間があります。書く前には考えたこともないア
イデアが、突然「天から降ってくる」のです。そうなったら「しめたも
の」で、ますますスピードを上げて書かねばなりません。途中で止めて
しまったら、その時思いついた言葉は二度と出てきません。「やったー、
とりあえず終わった」というところまで、とにかく我慢して進みましょ
う。

　「何だか、ちょっとおかしいな」「不本意だな」と思っても、気にしな
いで進んで下さい。卒業論文など長いものなら一日で書くのは無理なの
で、区切りのつくまで、たとえばせいぜい一章分は書き終えます。でも、
学期ごとのレポートなど一日潰せば、何とか書き終わる長さです。とに
かく最初の草稿（ドラフト）の最後までたどりつくように頑張りましょ
う。

62

第2章
論文の構成はどうつくる!?

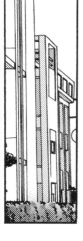

我ら
根拠三銃士!!

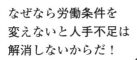

なぜなら労働条件を変えないと人手不足は解消しないからだ!

つまり賃金を上げたり労働時間を短くすれば働き手が増えるのだ!

理由!

説明!

主張や解決策をサポートする根本的な理屈を簡潔に述べる『理由』

その『理由』を明解に言い換えて主張や解決策をスムーズにつなげることが『説明』

これがデータだ!

例示!

そして具体的な例やデータによって主張や解決策に対応する事象が現実に存在することを示すのが『例示』

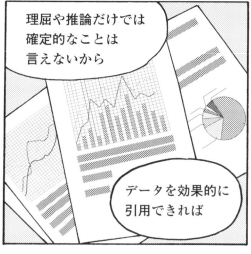

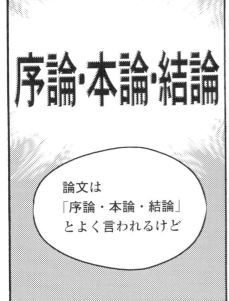

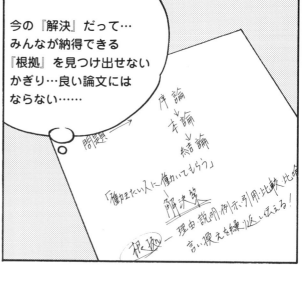

01 論文の構成は問題・解決・根拠

◆ 解決には根拠が必要

　問題をだいたい決めて先行研究も読み、問題に対する解決も自分の考えとしておおよそ固まったとしましょう。当然その「解決はこうだ！」と主張することになります。その際、解釈はなるべく独自の主張であったほうがいいわけです。前章でも「先行研究と差別化」しなければならないといいました。「報告型」のレポートであっても、諸文献の一般的なまとめだけでは不十分で、何らかの自分なりの独自の観点からのまとめ方が必要なのです。

　そう考えれば、だいたいの論文は「主張」の要素があるのです。だから問題と解決においては、むしろ「自分独自の解決」を志向することになります。「どこそこの文献に、こういうことが書いてあります！」と報告するだけでなく、「文献にはこう書いていあったけど、実はこう考えるのが正しいのではないか？！」と言わなければならないのです。こういう場合には「これが解決です！」と述べるだけでは読者は納得してくれません。その解決がなぜ正しいか、あるいはなぜ妥当なのか、を保証する部分、つまり根拠が必要になります。

　自分なりの主張をする ➡ 根拠を書かねばならない

　前章では、解決とそれが正しいと保証する材料をセットにしたものを「仮説」と名付けましたが、解決が正しいと保証する部分については、とくに「根拠」と言われます。つまり、論文の基本的な構成は問題をだすところ、それに答える解決、解決が正しいと示す根拠という三つの部分からななるわけです。

| 論文の基本構成 | ＝ | 問題 | ＋ | 解決 | ＋ | 根拠 |

　一口に「根拠」と言っても、その中には複数の要素があります。代表的なものは、理由、説明・例示の三つが挙げられるでしょう。

　まず、理由は英語でreasonと言って、なぜその解決が正しいか、を理屈で述べ立ててサポートすることです。ほとんどの場合「なぜなら……からだ」という特有の表現を伴います。たとえば「将来ウナギは食べられなくなるだろう」という主張をサポートするには「なぜなら、養殖ウナギの稚魚シラスウナギの漁獲高が減っているからだ」などと書くことになります。理由なしに「将来ウナギは食べられなくなる」と予測しても、誰も信用しないでしょう。こういう理由があるからだ、と言わないと「ああ、そうか」と感じてもらえません。

| 将来ウナギは食べられなくなる |

　　　　↑ サポート：なぜなら…からだ

| シラスウナギの漁獲高が減っている |

◆ 理由は説明しなければ分からない

　しかし、残念ながら、この理由だけを聞いて「ははあ、なるほど！」となることは多くありません。理由は多くの場合簡単に言われるので、それだけで「なるほど！」とは納得できる場合は多くないのです。理由の中に出てくる言葉の定義や背景・事情を明らかにして、それを言い換えて、言いたい内容＝主張につなげる部分が必要になるのです。

　たとえば「稚魚であるシラスウナギの漁獲高が減っているから」と聞いても、「それなら、成魚に卵をたくさん産ませて、稚魚を増やせばいいじゃないの?!」という疑問が出てくるでしょう。こういう反論をしてくる人に対しては、そういうことはできないことを、たとえば、次のよ

うにくわしく説明しないといけません。

説明すべき内容

> ニホンウナギは今のところ完全養殖できていない。稚魚であるシラスウナギを取ってきて、それに餌を与えて食用サイズまで大きくすることを「養殖」と言っているだけなのだ。だから成魚に卵をたくさん産ませて稚魚を増やすことはできない。シラスウナギの漁獲が減れば、当然、成魚にもできる数が減るので、ウナギは食べられなくなるのだ。

　正確に言うと、最近になって、実験段階ではようやく成魚に産卵させて、その卵を孵化させて稚魚にして、それをまた成長させて産卵させ、その卵を孵化させて稚魚にする、という二世代繰り返しのところまで来たらしいのですが、これを実用的な養殖の技法として実用化するまではまだかなりの時間がかかる、という段階なのです。

　それはともあれ、この事情をくわしく分かりやすく言い直して、相手を納得させないと、「シラスウナギの漁獲高が減っている」から、なぜ「将来ウナギは食べられなくなる」ということになるか、という道筋が逐一たどれないでしょう。だから、**理由と解決をつなぐ、さらに深い事情を述べること**が必要に。これを**説明**（warrant）と言います。この説明を入れて、全体を書き直すと以下のようになります。

理由を説明する

> 　将来ウナギは食べられなくなるはずだ（解決）。なぜなら、養殖ウナギの稚魚シラスウナギの漁獲高が、急激に減っているからだ（理由）
> 　ニホンウナギは、今のところ卵からの完全養殖ができていない。養

殖といっても、天然にいる稚魚を取ってきて、餌を与えて大きくしているだけなのだ。だから、稚魚であるシラスウナギの漁獲高が減ると、ウナギの養殖自体が難しくなる。このままシラスウナギの漁獲が減れば、将来ウナギは食べられなくなる可能性が出てくるのだ。(説明)

つまり「シラスウナギの漁獲高減少」から、「将来ウナギは食べられなくなる」という結果までを延々とつなぐ理屈を、説明が担っているわけです。つまり、理屈を言い直して次々とつなげていって、最終的に言いたい結論までたどりつくようにしているわけです。

言い換えで論理を作る

シラスウナギの漁獲高が減少している 理由

⬇ ウナギの養殖の実状は?

ウナギ養殖では天然の稚魚を取ってきて餌を与えて大きくしているだけ 説明

⬇ 卵から育てているのではないのか?

シラスウナギの漁獲が減るとウナギの養殖自体が難しくなる 説明

⬇ シラスウナギの漁獲は現実に減っている

将来ウナギは食べられなくなる 解決

◆ 理屈を順々につなげる

こうやって、理屈を順々につなぐことで、読者は理由から解決までスムーズに連れて行かれるわけです。大切なのは、それぞれの言い換えのところで大きな飛躍がないことです。ちょっと考えると当然と思われることを一つひとつ「なるほど!」と読み進めると、解決までたどり着いてしまう。一つ前の文から、次の文がごく自然に出てくるようでなければいけないのです。

論理 ＝ 自然な言い換え ＝ 解決までスムーズにたどりつく

　論文は、そもそも論理的文章なのですから、**論理のつながりを丁寧につくることが重要視されます**。そのような能力は「論理展開力」と呼ばれます。論文では、この論理展開が不十分なものは評価されません。実際、これだけくわしく丁寧につなげていけば、読者は疑問を持つ間もなく、説得されるでしょうね。

02　論理展開を考える

◆ 論理展開を練習してみよう

では、論理展開がちゃんとできるかどうか、簡単な問題で練習してみよう。これが分からないようだと、自分の論理展開力が足りないかも、と反省しても良いかもしれません。

●例題
以下のAとBの会話を読んで、（1）（2）に入ると考えられる内容を、それぞれ300字以内で埋めなさい。

A：この間のオリンピックで、またドーピングでのメダル剥奪があったね。イタチごっこばかりで、なかなかなくならないね。
B：でも、そもそもドーピングの規制なんてなぜ必要なのかな。前から不思議に思ってきたんだけど。
A：それは健康を害するからさ。ドーピングの疑いがあったメダリストが若くして急死しただろう？
B：それが規制の理由になるとは思えないよ。だって（1）
A：そう単純には言えないよ。なぜなら（2）

◆ 心のリミッターを外す

こういう論理の問題を考えるときは、考えを制限する常識や思い込みに気をつけましょう。こういう問題を出したからと言って、筆者は別に「ドーピング賛成」というわけではありません。むしろ、「ドーピング反対」の立場なのですが、そういう自分の立場から離れて、もし「ドーピ

ング賛成」なら、どういう理屈を考えられるか、と「もし……ならば」どうなるか？と思考実験ができる能力を鍛えなければならないのです。

　まず（１）では、Ｂは「ドーピングは規制しなくていい」という立場に立ち、「ドーピングは危険だからいけない」というＡの意見を否定しなければなりません。つまり「危険だって、別にいいじゃないか」という理屈が必要なのです。どうすればいいでしょうか？

◆ 反論の理屈を構成する

　危険だから、すべて禁止するのはおかしいという理屈を立ててみましょうか？　世の中には危険なスポーツはたくさんありますが、その多くは禁止されていない。なぜ、ドーピングだけ禁止されなければならないのか、と反問するのです。ただ、「危険なスポーツ」と言うだけでは具体的にイメージしにくいかもしれないので、スカイダイビングを例として入れましょう。

　スカイダイビングでは、パラシュートが開かなかったら、地面に激突して死んでしまいます。それでも、危険だと承知してやるならば「スカイダイビングをやるな」とは禁止はできないでしょう。ドーピングでも、同様な理屈を使ったらどうでしょうか？　ドーピングだって「死ぬかもしれない」という危険を承知してやるなら「自己責任」の範囲であり、自由にやらせるべきだ。他人がいちいち文句を言ってはいけないと主張するわけですね。理屈のつながりは以下のようになります。

世の中には危険なスポーツがある
 しかし
禁止されていない ＋ 例：スカイダイビング
↓
ドーピングだけ禁止されるのはおかしい／不公平だ

これらに従って全体を構成して書くと次のようになります。

> 危険なスポーツは、世の中にたくさんあるからだよ。でも、だから
> と言って、それらが禁止されているわけじゃない。
> 　たとえば、スカイダイビングはパラシュートが開かなかったら、
> 地面に激突して死んでしまう。だけど、その危険を承知で、あえて
> やろうとする人を止めようとする人はいない。死ぬ危険があると、
> その人が判断したうえでやっているなら「自己責任」の範囲だ。
> 　ドーピングも同じで、危険かもしれないけど、薬を飲んでも競技
> で強くなりたい、速くなりたいと本人が望むなら、それは本人の勝
> 手だよ。死んでも強くなる方が良いと思っているんだから、好きに
> させるべきじゃないのかな？　　（275字）

　この反論にも一定の正当性があることは、貧しい国の運動選手などを
考えれば、お分かりでしょう。国に有力な産業がなく、運動選手になる
ぐらいしかお金を得る方法がないのだとしたら、一か八か運動に賭けて
みる、という人がきっといるはずです。
　「薬を飲んだら死ぬかもしれない？　飲まなくたって、この国では平
均寿命が40歳いかないんだ。それくらいなら、スポーツで強くなって、
お金を儲けてよい生活をしたい」と言われたら、私たちはどう反論でき
るでしょうか？

◆ 再反論はどうするか？

　さて、それに対してAは「そんなに簡単じゃないよ」と再反論してい
ます。この言い方に注目しましょう。Bは「自己責任」という概念を使
ってドーピングを正当化しているけど、現実はそう簡単にはいかない、
と言っているのです。つまり「自己責任」という理屈だけで済ませられ
ない問題が現実にはある、もっと現実をよく見ろと言っているのです。

なぜ、現実をよく見ると、自己責任と言えないのでしょう？　Bの主張のように、選手が危険を承知してドーピングをしているとは、必ずしも言えないからです。たとえば、コーチからドーピングを勧められて使用したら自己責任でしょうか？　コーチは自分が指導している選手がメダルを取ったら名誉にもなるし、次の選手を担当しても報酬が上がるはずです。たとえそうだとしても、子どもの頃から指導してくれて、全幅の信頼を置いているコーチのアドバイスや国家規模の命令に、まだ若い選手が逆らえるでしょうか？

たぶん無理ですね。完全に自分の意思でやったとは言えないでしょう。

あるいは、かつての東ドイツなどのように国家ぐるみでドーピングを奨励していたとしたらどうでしょうか？　国家が「やれ！」ということに対して、個人が簡単に逆らえるでしょうか？　なかなか難しいですね。仕方なくドーピングしたとして、それで死んだら、「自分の意思でやったことだから、仕方ない」と言えるでしょうか？　そんなことを言ったら、むしろ国家の横暴を免責することになるでしょう。そういうことをさせないためには、ドーピング自体を禁止するしかありません。理屈のつながりは以下のようになります。

ドーピングは自己責任では片付けられない

↓

現実的には選手自身の判断ではない

↓

例示：コーチが勧める＋国家の事業として実施する

↓

選手が抵抗できない

↓

自己責任と解釈するには無理がある

↓

全体で禁止するしかない

これらにしたがって全体を書くと次のようになりそうです。

> 自己責任は必ずしも成立しないからだ。選手は若い頃からスポーツ一筋で生きている。そういう人が医学的な危険について客観的に判断できるとは思えないよ。
>
> 　とくに、信頼しているコーチから「これを飲んだら強くなるよ」と言われたら、とても断れないはずだ。それどころか、かつての東ドイツのように国家規模でドーピングを実施していた国さえあるんだよ。国家が「やれ」ということに対して、一介の選手が逆らえるとは思えないし、断ったら懲罰を受けて選手生命すらなくなるかもしれない。
>
> 　自分で判断したわけでないなら、死んでも自己責任なんて言えないよ。害があるんだから、罰則を設けてドーピング自体を止めさせるしかないのだ。（295字）

どうでしょう？　もちろんドーピング賛成の意見を積極的に言う人はまずいないでしょう。その意味では、この議論を非現実的と感じる人もいるかもしれません。しかし、常識や世論は時代によって変わります。政治や経済状況が変化すれば、今まで「まさか、そんなことはないだろう」と思っていたことが簡単に「常識」になることもしばしばです。

　常識だけに頼って確実な判断をすることはできないし、その方法は曖昧です。だから、**大学では、どんな非現実的な議論であっても、きちんと理屈立てて対応したり反論したりすることを求められる**のです。

　実は、この問題は東京大学法科大学院の入試で、2016年に出題された問題をちょっと改変したものです。大学を卒業する段階でどのくらいの論理展開力が期待されているか、要求されているレベルがだいたい分かると思います。このぐらいの理屈がすぐに考えつくようでないと、長い論理的文章は書けません。

03 根拠の種類

◆ 根拠にはデータやイメージも必要

しかし、人間を納得させるのは、理屈だけではありません。説明さえ理解できれば「なるほど！」と思ってくれる人がいるかもしれませんが、必ずしも多くはありません。「理屈ばっかり言うな！」と怒り出す人は少なくないですね。そういう人にも「なるほど！」と感じさせる仕掛けを作っておかなければいけないでしょう。科学の分野でも、心理学など、理屈だけでは「正しい！」とは言えず、実験とか調査をしなければ正しいと言えない分野もあります。

だから、**根拠は理屈だけでなく、イメージやデータを絡めた方が良い**でしょう。たとえば理系では実験が必要になるし、社会科学だと調査をする場合も出てきます。調査では、最近はSNSでの意識調査もよく行われますが、学問的に言うと抽出法などデータの偏りが大きいので、あまり厳密ではありません。さまざまな統計調査がすでに行われているので、それを利用した方が確実かもしれません。自分で調査をやるためにはきちんと設計しなければならないでしょう。

この部分を証拠（evidence）と言います。実際、「シラスウナギの漁獲高が急激に減少した」と言うなら、どのくらい減少したのか、それが一時的なのか、長期的な減少なのか、を見届けることも大事でしょう。短期的にちょっと落ち込んだだけでしたら、いちいち心配する必要はないはずです。

前述したウナギが食べられるか、などという問題では、水産庁などのデータでシラスウナギの漁獲高がどうなっているか、を調べて論文の中に出すと良いでしょう。たとえば、1970年はこうだったが、2015年にはここまで減った、などとデータを出す。数十年も減少が続いているなら、

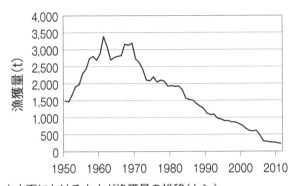

内水面におけるウナギ漁獲量の推移(トン)
出典:水産総合研究センター「ニホンウナギの資源状態について」

この先も減少は続くはずだ、と言えるでしょう。では、水産総合研究センターによるグラフを見てみましょう。

　いかがですか？　1970年から2010年までの40年間に1/10以下に減っていることが分かります。ちなみに2011年の漁獲高は230万トン。1960年と比べると約1/20。ちょっと怖くなるほどの急激な減り方ですね。これをみれば「ウナギは将来食べられなくなる！」といういささかセンセーショナルに聞こえる言葉にも強いリアリティを感じられるでしょう。

　「怖くなるほど」と書きましたが、理屈で動かせない人の心もデータや事実を示すことで大きな影響を与えることができます。「シラスウナギの漁獲制限をする」など、今までの行動を大きく変えるためには、理屈に訴えるだけでは足りず、現実の姿を見させて感情に訴えることも大切です。理屈と事実の双方から「稚魚が減少するとウナギが減る」と主張して、そこから「ウナギが食べられなくなる」という意見・主張を強く印象づけるのです。そうすれば、自分の主張を「真摯に受け止めて何らかの対策をすぐ取って欲しい！」と強く言うことが可能でしょう。

根拠の代表的要素

	形式	内容
理由	なぜなら…からだ	解決をサポートする大元の理屈
説明	つまり、だから	理由のくわしく分かりやすい言い換え
証拠	たとえば、実際	具体的な例・データ

　このように根拠は、理屈とデータの双方から組み立てるべきです。どちらか一つだけでは効果が薄いのです。

◆ その他の根拠の使い方

　実は、根拠には、この三つ以外もあります。たとえば、引用・比喩・比較／対比などです。引用は、他の人の述べていることを、そのまま引いてきて「ほら、こんなエライ人も自分同じことを言っている」と自分の解決の正しさを保証するやり方です。ときには「こんな人が、こんなおかしなことを言っている！」と批判するときにも使います。**引用は、自分がどれだけ関連する資料を多く読んでいるかも表します。**ですから、引用が全くない論文というのはあり得ませんが、「引用だらけ」の論文にするのも避けねばなりません。あくまで主役は自分の主張であり、引用はそれを強める脇役に過ぎないのです。

　それに対して比喩は、抽象的な内容を具体的なストーリーで分かりやすくする方法です。たとえば、「労働は大切だ」という内容を言いたいときに、アリとキリギリスの話をするようなものです。ただ、問題なのは「たとえ話」は往々にして不正確になりやすいことです。たとえば、アリとキリギリスでは、夏に遊んでばかりいたキリギリスは、冬になって困窮し、夏働いていたアリは、冬ぬくぬくと巣の中で暖まっていると言われるのですが、実は、働きアリの寿命は数ヶ月なので、夏働いたアリは冬すでに死んでいます。これだと、実際は「働いても甲斐がない」ことになりそうです。でも、そういう細かいところまで追究しないのが

たとえ話の良さなので、あまり論文には使えません。

　さらに比較／対比とは、二つのものを比べて、その違いや似たところを強調するやり方です。たとえば、裁判制度の違いを述べるのに「アメリカでは…であるのに対して、日本では…」とすれば、両者の違いが際だって、日本の裁判の特殊性がより深く理解できるでしょう。逆に、両者の類似性を指摘すれば、共通性や普遍性の印象が強くなるはずです。特徴・特色を記述するのに便利な書き方です。

	形式	内容
引用	～によれば…	権威によって正しさを保証する、批判するときにも使う
比喩	たとえてみると…、言わば	抽象的な内容を具体的なストーリーで分かりやすくする
比較／対比	Aは…であるのに対して、Bは…	特徴・特色を記述する

04 問題と解決の見せ方

◆ 問題の構造

　いろいろな種類や要素からなるのは、根拠だけではありません。問題の形式や構造もいろいろです。問題を提示するとき、一番シンプルなのは「（はたして）……だろうか？」という**疑問**の形です。

　しかし、問題の形は、これだけではありません。対立や矛盾もあります。**対立**とは、まったく違った意見が並び立っている状態です。たとえば「死刑は存続すべきである」「死刑は廃止すべきだ」という意見は対立しています。同じ制度に対して、まったく違った考え方を主張しているからです。この場合は、当然「どちらが正しいのだろうか？」という疑問が生じます。その疑問を巡って、論文は進んでいくわけです。

　一方で、**矛盾**は「理論的にはこうなるはずなのに、現実にはそうなっていない」という状況です。たとえば「円を切り下げれば、日本の商品のドル建て価格が下がるので、輸出が伸びるはずだ」という理論・予想があります。しかし、実際に円の切り下げ政策を実施してみて、輸出が減ったとしたら「なぜ、そんなことになってしまったのか？」という矛盾が生じます。この疑問を解決しようと論文は進んでいくわけです。

問題の三つの形

	形式	内容
疑問	「…だろうか？　」	シンプルな疑問
対立	「Aは…であるのに対して、Bは〜である」	まったく違った反対の意見が並び立つ
矛盾	「理論的には…はずなのに、現実にはそうなっていない」	理論・予想と現実が合わない

実際の論文では、この内のどれか一つの形で問題が提示され、それを追究しようと論文が書き進められるわけです。

◆ 問題の重要性もアピールする

　もちろん、問題にも、追究する価値が大きいものとそうでないものがあります。論文を書くときは、なるべく自分が扱っている問題の価値が大きいと思われるようにすべきでしょう。「重大な問題だ」と感じれば、読む方も本気になるし、「つまらない問題だ」と思えば、読みたくなくなるでしょう。

　問題の価値を大きく見せるには、二つの方法があります。一つは「この問題を放置すれば大変なことになる」とマイナスを強調する方法、もう一つは「この問題を解決すれば、こんなに利益がある」とプラスを強調する方法です。

問題の価値を大きく見せる方法

マイナスを強調する	放置すれば大変なことになる
プラスを強調する	解決すれば大きな利益がある

　たとえば「最低賃金を上げるべきか？」という問題を扱うなら、最低賃金は、消費者の購買力に大きな影響を与える。最低賃金が低いままだと、購買力も上がらないので、内需が弱まって国民経済は衰退してしまいます。だから、最低賃金をどれくらいにすべきか、は重大な問題になるのだ」などと論じれば、「ああ、これは考えなければならない問題なのだな」と思ってくれるはずです。

　逆に「自動車の自動運転技術に投資すべきか？」なら、「今や欧米では、AIを使った自動運転技術が注目され、活況を見せている。日本のメーカーも自動運転にもっと投資すれば、この波に乗れるはずだ」などと言えば「なるほど、投資を真剣に考えなければならないな」と感じる

はずです。こういう風に「重要な問題」であることをアピールできれば、読者の評価も上がるでしょう。

　問題提起をするときには、どちらの立場を取ってもでも良いので、正解はこの時点ではまだありません。もちろん正解は、自分の述べている内容なのですから、それが正しいことはこれから理屈と証拠で証明することになるわけです。それでも、解決がどちらであっても、その立場はハッキリとさせましょう。「これからの議論が待たれる」とか「国民的課題となるだろう」などという、他人任せの解決をしてはいけません。こういう形は、多数の読者を相手にする新聞の社説などでよく見られますが、真似しないでください。論文は個人の主張なのですから、あいまいにする理由はありません。

◆ 断定すると議論になりやすい

　なぜ、解決を断言の形で書かねばならないか？　そのもう一つの理由は、断定の形で書けば、読者からのツッコミの形が容易に予想できるからです。「最低賃金を上げなければならない」という解決を断言的に主張したら、読者からすかさずツッコミが出るはずです。「最低賃金を上げたら、倒産する企業が増えるのではないのか？」と。それに対しては「そんなことはない」と対応しなくてはいけません。「なぜなら、最低賃金を上げれば購買力が増え、企業の売上も上がるため、倒産する企業はむしろ減るはずです」と理由を挙げて主張するのです。

　それに対して、反対を受けないように曖昧な形で述べると、読者からどういう反応が来るのか、ハッキリしません。反対意見があるのなら、なるべく予想できた方が良いのです。予想できれば、それに対する対応の仕方がハッキリし、議論も深まるからです。解決を曖昧な形にすると、かえって論文は書きにくくなるのです。

断定する ➡ ツッコミが予想できる ➡ 反論する ➡ 議論が深まる

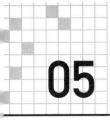

05 ツッコミと対話すると議論が深まる

◆ 根拠は読者との対話である

　これで分かるように、根拠とは、読者との対話のやりとりを可視化したものです。「これが正しい！」と主張すれば「なぜか？」と聞いてきます。それに「なぜなら……から」と理由で答える。「え、なぜ、そうなるの？　もっとくわしく言って」とさらに追求される。だから「つまり……のだ」と説明する。「理屈だけじゃ分からないよ。具体的には？」とさらに迫ってきたら「たとえば……」と例を出す、というような具合です。つまり、根拠にあたるところは、ある解決を出したとき、当然読者から聞かれるような内容を予想して、あらかじめ答えておくという仕組みなのです。

根拠へのツッコミと応答

根拠の種類	ツッコミ	応答
理由	なぜか？	なぜなら…から
説明	もっとくわしく	つまり…のだ
例示	具体的には？	たとえば…

　だから、論文を書くということは、自分の心の中に「自分がこう言ったら、相手はどう言うだろう？」というように「仮想的な読者」を住みつかせる訓練と考えることもできます。論文を書くことは単なる自己主張ではなく、想像の相手とつねに対話することなのです。

◆ 反論を自分から予想する

　根拠の部分は、当然予想されるツッコミですが、ときには、読者からの反論をさらに積極的に予想しなければならない場合もあります。たとえば「原発を存続すべきか、廃炉にすべきか」という問題については、「危険である」という理由を述べ、どういう危険になるかについてくわしく説明して、例示として実際に起こった原子炉のケースを描写しただけでは、議論は完結しません。「危険なのは分かるけど、エネルギー源として必要じゃないの？」という反対意見が出てくる可能性が強いでしょうね。

　実際、我々は「危険だ」というだけで、あるものを「止めろ！」とは言いません。たとえば、自動車事故で亡くなる方は毎年4,000人ほどいます。でも、だからといって「自動車を廃止すべきだ」という世論が全国的に巻き起こるわけではありません。暗黙の内に「自動車は現代社会に必要だ」という共通認識があるからです。

　それに対して、「原発事故で亡くなった方」は、公式的には一応ゼロです。もちろん、原発賛成派である政府や企業が情報を隠しているという可能性も考えられます。しかし、交通事故と同じくらいの数の犠牲者がいるとは、考えにくい。それほどの数を隠すのは難しいからです。たとえいたとしても、おそらく「原発事故が直接原因で亡くなった方」の数は交通事故で死んだ方の数よりずっと少ないでしょう。それなのに、どうして原発だけ止めろというのか？

　この主張は、「他にも同じようなものがあるのに、なぜ、原発だけ止めろというのか？」というのですから、前に取り上げたドーピングの問題と似ていますね。これについての反論をしてみましょう。

たしかに、原発による死亡者数は交通事故の死亡者数を大幅に下回っている。しかし、危険性を死亡者数だけで比べるのは間違いだ。なぜなら、原発事故の被害は広範囲に広がり永続的なので、解決が困難だからだ。

　実際、たとえ交通事故が起こっても、その被害が何十年も続いたり周辺に広がったりするわけではない。交通事故で亡くなった方には気の毒だが、単発的な事故がほとんどなのである。

　それに対して、原発事故は一度起こると回復が困難である。周囲数十平方キロは汚染され居住不可能になる。残った放射能に被爆するとガン・白血病を発症する。さらには、汚染された環境では農業もできなくなる。実際、複数の国で、日本の農産物は輸入禁止になっている。死亡者数だけで、被害・損害を比べる発想は根本から間違っているのだ。

　積極的に反対意見を予想して批判する場合には「たしかに… である。しかし、〜」という言い方を使います。「たしかに… 」のところで、予想される反論を取り上げ、「しかし、〜」のところで、それが間違っていると理由を挙げて批判するのです。この言い方は普遍的で、英語でも"Certainly, ... But/However, ..."という形がよく使われます。

◆ さらに反論から批判の流れを深める

　それでも、これにはさらに反対意見が出てくるかもしれません。よく言われることですが「日本は石油などのエネルギー資源がない。産業社会では膨大なエネルギー源が必要だ。原発以外に、それをまかなうエネルギーかあるのか？　おそらくない。それでも、原発を廃止すべきなのか？」

こんな風に反論されるのは、容易に想像できることです。それなのに、それを無視して取り上げないのは、自分の主張の説得力が、そういう反対意見を出してくる人には届かないことを意味するので、得策ではありません。むしろ、あえて反論を取り上げて、その反論が間違っていると積極的に批判しなければ、自分の元々の主張が崩れてしまうでしょう。

たしかに、原発はエネルギー源として不可欠だという主張も根強い。日本には石油などの天然資源が少ないのだから、原子力など天然資源に頼らないエネルギー源が必要だというのだ。

しかし、原発を動かすにもウランなどの天然資源が必要であり、限りある天然資源に頼るという構造は変わっていない。原発廃棄物を利用して、さらにエネルギーを発生させるという計画もあったが、それも技術費用の面で頓挫している。結局原発では日本のエネルギー状況は改善されないのである。その意味で、天然資源に頼らない原発というイメージは幻想なのである。

「たしかに」をもう一度使って、原発がエネルギー源として不可欠だという反対意見を取り上げ、その根拠も「天然資源に頼らないエネルギー源だから」と明示しています。それに対して「しかし」以下で、その考えが間違っていることを説いているのです。このように、次々に反対意見を予測して、それに反論していけば、より多くの人を納得させられるようになります。つまり、その論文の客観性（普遍性）が増すわけです。逆に個のプロセスをおろそかにすると多くの人を納得させられないのですから、思い込みに近くなってしまうのです。

◆ 意見は一貫させる

重要なのは、この「たしかに……である。しかし、〜」の形式を通じ

て、自分の意見が冒頭の「原発を廃炉にすべきだ」という内容に戻っていることです。つまり、自分の意見は、いろいろな疑問に答え、反対意見に対応しても、何も言いたいことは変わっていないのです。これを「内容の一貫性」と言います。

　つまり、疑問や反対意見に晒されながらも、自分の意見は一貫して同じであり、それが反対意見に対応することで、さらに納得できる内容に、深まっていくのです。その深まりのプロセスを丁寧に見せるのが論文の書き方なのです。読者との対話を通じて、個人的な意見が読者という他人にも共有されていく過程を、意識的に作るのです。

個人の意見 ➡ 疑問や反論を予想する ➡ 対応・批判を積み上げる ➡
内容が深まる ➡ 共有される ➡ 説得力があって一貫性のある論文

◆ 論破するだけではない方法

　ただし、反対意見に対処する方法は、このように相手を論破するだけではありません。反対意見の一部を取り入れて譲歩しつつ、自分の意見の大筋では譲らないという方法もあり得ます。

　たとえば、原発を即時廃絶したら、足りなくなったエネルギー源をどう手当てするのか、という問題があります。また、解体しても放射性廃棄物が出てきます。それを処理しなけなければ危険はなくなりません。ドーピングの問題でも説明したように、現実は、簡単な理屈では割り切れず、「原発廃棄＝安全」とはいかないのです。

　たとえ原発を止めると決めたとしても「その間、その後のプロセスをどうするのか？」と問われたら、簡単に「原発廃絶」とは言えないかもしれません。むしろ、作動可能な原発をしばらく動かしながら、徐々に「廃絶」の方向に持っていくように調整しなければいけないでしょう。そうなると、原発賛成派の理屈を一部取り入れつつ、「廃絶」に活かす

ような論理展開を考えねばならないことになります。このような構造の方が「より公平」「より客観的」という印象を与えるので、**時には反対論に一部譲歩するのも、悪いばかりではないのです。**

一部譲歩する ＋ 基本方向は変えない ➡ より公平・客観的な印象

第3章
パラグラフ(段落)の書き方

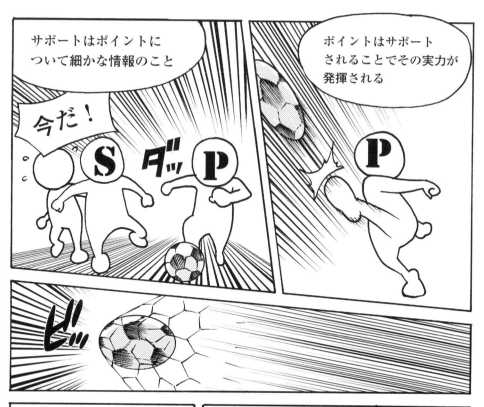

『古い情報＝既知』

つまりすでに読み手が知っている古い情報＝『既知』の情報から

『新しい情報＝未知』

新しい情報＝『未知』の情報へと「流れる」ことが大事なの

実際に情報をうまく「流す」ためには

前の文（段落）

| 古い情報 | 新しい情報 | 未知 |

‖ 繰り返し共通点

| 既知 | 古い情報 | 新しい情報 |

後の文（段落）

ある段落や文の最後に出た情報を次の段落や文の冒頭で「しりとり」のように繰り返す

しりとりですか…

そう既知情報から未知情報へ…その未知が既知に変わってさらなる未知へつながる

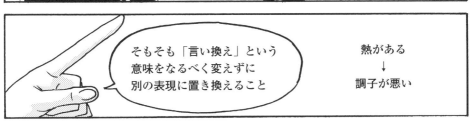

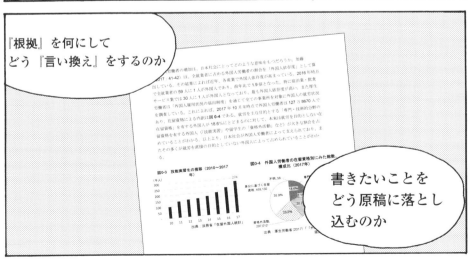

01 パラグラフ（段落）とは何か？

◆ 書き終わった後にブラッシュアップ

　論文の全体の目次が出来て、書くために必要な要素もだいたいそろえたとしましょう。そのうえで、休日一日を潰して、目次にしたがって最後まで書いてみました。しかし、冷静になって読み返してみると、あちこち気に入らないところが出てきました。「言いたいことをちゃんと書けた気がしない。なぜ、こんなにひどい文章を書いちゃったのだろう？」さて、どうするか？

　途中で、こういう自己反省・自己批判の作業にはまりすぎると、最後まで書けずに挫折してしまうこともあります。卒論を書いている途中で、これをやったために完成できなかった、という例も少なくありません。自己批判の姿勢があるのは、基本的にいいことなのですが、書いている途中での自己反省は必ずしも良い風に働くとは限りません。

　`書いている途中` ➡ `自己反省しない`

　書き進めるときは、書く作業に集中すべきです。書きながら「こんなことを考えつくなんて、自分は天才ではないだろうか?!」と誇大妄想するくらいでちょうど良いのです。

　読み直して反省するのは、書き終わってからでいいのですが、今度は逆に「自称天才」ではいけません。むしろ「どんなバカなことを書いているのかな？」と採点する人になったつもりで、厳しく眺めましょう。文章は、最後まで書ければ終わりではありません。むしろ、一度書き終わってから、どうシェイプ・アップするかで、評価が高まるかどうか決まるのです。

◆ 段落とは何か？

　書きなぐった下書きの文章を、シェイプ・アップするには、二つの視点があります。一つは「段落の整理」で、もう一つは「文の整理」です。前者は全体構成に関わり、後者は細部の説得力に関わります。この章では、まず、段落の整理を説明しましょう。

　さて、段落とは文章における意味のまとまりです。国語の授業では、段落は文章の中で一字下がっているところと教えられましたね。一字下げるのは「意味のまとまり」を分かりやすく示すためです。書くときも、意味のまとまりが来たときに文章を区切れば良いことになります。

◆ 一字下げは原則か？

　しかし「一字下げ」の原則は、必ずしも普遍的ではありません。ネット上では、「一字下げ」が分かりにくいので、むしろ「一行空け」で段落を表すようになっています。「一字下げ」でも「一行空け」でも「意味のまとまり」であることを示すのに支障はありません。

　ただ問題なのは、読む際は「一字下げ」「一行空け」になっていれば「あ、ここが段落の区切りだ！」と分かるのですが、書く場合には、そうはいきません。どこで意味の区切りがあると判断して、段落を区切ったらいいのでしょうか？

段落＝意味のまとまり

どうやったら、意味のまとまりを区切れるか？

02　わかりやすい段落構造

◆ 意味のまとまりをどう作るか？

　文章は、複数の文から成り立っています。文とは、主語と述語と修飾語からなっている句点までのつながりです。その文が複数集まって、段落を作り、その段落が複数集まって、全体の文章を作ります。つまり、「段落」とは「複数の文が集まった意味のまとまり」を言います。

　「意味のまとまり」とは、簡単に言うと、メッセージの同一性です。つまり、同じような内容が述べられているまとまった部分が「段落」paragraphなのです。ただ「同じような内容」と言っても、どこまでが「同じ内容」となるのかは結構難しい。なぜなら、前章で説明したように、論文の内容は一貫性を持ち、その言いたいことは、基本的に最初から最後まで変化しないからです。つまり、最初から最後まで、手を変え品を変え、同じメッセージを発しているわけで「論理的文章の特徴は、その冗長性にある」（大森荘蔵）という哲学者の言葉もあるくらいです。

　それでも、同じ内容だからと言って、ずるずるとつなげていたら読みにくくてしようがありません。そんなわけで、適当な分量で区切って読みやすくする工夫が必要になってくるわけです。

◆ ポイントとサポートを分ける

　段落を作るときの原則は以下の三つです。

1	必ず複数文で構成する
2	冒頭に言いたいことを一文でまとめる
3	冒頭に続けて、言い換えや例など細部の情報を書く

まず、1は簡単でしょう。**一文の段落は禁止**ということです。小説の文章では、ときどき一文の段落が使われていますが、そもそも段落は複数の文という定義なのですから「一文だけの段落」はルール違反です。「一文一段落」は、昭和の文豪である川端康成などが小説の革新運動で使った破格の用法であり、例外的な表現法なのです。実際、川端以前の芥川龍之介などでは、一文だけの段落は稀です。論文では、別に奇をてらった文章を書く意味はありませんので、必ず複数文で構成しましょう。特に、三文以上の文で構成するのがお薦めです。

第二に、段落には、同じような内容を持った文をただ無原則に寄せ集めるのではなく、一定の構造を持たせます。まず、**段落の冒頭に言いたいことをなるべく一文で表したもの**を置きます。これをポイント・センテンスと言います。ポイント・センテンスでは、その段落で言おうとする内容を出来るだけ簡潔な表現で書きます。

でも、簡潔を旨とすると、いろいろな細部の情報が脱落したり、分かりやすく言い換える余地がなかったり、ということが生じます。つまり「説明不足」になりがちなのです。そこで、その「説明不足」を補うために、ポイント・センテンスの内容をよりくわしく言い換えたり、反対のものと対比して特徴をクッキリさせたり、わかりやすく比喩してみたり、あるいは具体的な例を述べたり、という工夫が必要になります。これをサポート情報と言います。つまり、**サポート情報とは、ポイント・センテンスの内容を理解してもらうための言い換えの工夫**になるわけです。

ポイント・センテンス	言いたい内容の簡潔なまとめ
サポート情報	説明するための多様な情報の提示

◆ 具体的に構造を見る

実際にこの前の段落「でも簡潔を旨とすると…」の構造を具体的に分析

してみましょう。まず、「簡潔な文は情報が落ちやすい」が一番言いたいことです。それを第二文で「つまり」を使って「『説明不足』になりがち」と言い換えています。なお、ここの「説明不足」にはカギカッコが付けられていますが、これは文章評価で良く使われる表現を表している訳です。「説明不足」という意味は、言いたい内容を読者に理解できるようにするための言い換えが足りない、という事態を示しているのです。

説明不足 ＝ 言いたい内容を読者に理解させる言い換えが足りない

さて、このように問題を指摘したら、「そこで」と対策を提示しています。「くわしく言い換えたり…対比したり…比喩してみたり…例を述べたり」と「言い換え」の種類を列挙して、それを次の文で「サポート情報」と名付けています。最後は「つまり」と今までの内容をまとめて「理解してもらうための工夫」と意味づけています。

p.127の段落の構造

名称	機能	具体的表現	技法
ポイント・センテンス	内容の簡潔なまとめ	簡潔な文は情報が落ちやすい	問題の提示
サポート情報	説明のための多様な情報	「説明不足」になりがち	言い換え
		「説明不足」を補う	解決
		言い換えたり対比したり比喩したり例を述べたり	例示
		サポート情報	命名
		理解してもらうための工夫	まとめ

結局、段落とは複数文からなり、冒頭にポイント・センテンスが置かれ、その後にサポート情報が続くという構造で整理されるべきなのです。

03　段落内の順序と書き方

◆ ポイント・ファーストで書く

　前述のような段落の構造をポイント・ファーストと言います。つまり、言いたいこと（ポイント）が最初に来る構造ですね。論文の中では、段落はポイント・ファーストであるのが望ましいのです。なぜなら、この方が速くメッセージが伝わるからです。まず概略を述べて読者にだいたいの内容を理解させ、それから徐々に細かい事情を伝えて、十分に納得させる、という順番です。

　ポイント・ファースト ＝ まず概略を述べる ＋ 次に細かい事情を伝える

　読者は忙しいものです。とくに、学生の論文・レポートを評価する教師は授業とか会議とか自分の論文書きとかで、とんでもなく忙しい。だから、もし段落の第一行目を読んで「ああ、この段落の内容はこんな感じか！」と見当が付いたら、感想やコメントを言いやすくなるし、その書き方を「分かりやすい！」と評価するはずです。

　実際、英文の文章理解では「パラグラフ・リーディング」という技法がよく使われます。これは段落（パラグラフ）の第一文だけを読んで、それをつなげていって、全体の内容を推察する方法です。しかし、こういう読解法が可能なのは、執筆の段階で、すでに段落の第一文に「言いたい内容」が書かれているという構造になっていなければなりません。だからこそ、英文ライティングでは、このポイント・ファーストがうるさいほど言われるのです。

◆ ポイント・ラストはあまり使わない

　逆に、論文ではあまり使わないのが、ポイント・ラストという構造です。これは細かい情報が先に来て、後からそれをまとめるようにして、ポイント・センテンスが続くという形式です。

　この形式の欠点は、言いたいことが段落の最後まで読まないと、明確にならない点にあります。たしかに、これは「私が何を読んでいるのは何を意味するのだろう？」という心理的サスペンスを保って、面白さや興味を最後まで持続させるには有効なのですが、未熟な人がこの形式を取ると、サスペンス状態を最後まで維持できません。結局、途中で議論の方向を見失ったり、読む方が飽きてしまったり、ということになりかねないのです。そんなわけで、初心者は、あまりこういう高度なテクニックを使わず、「ポイント・ファーストで書く」方が、失敗せずにわかりやすい文章を書くことができるのです。

◆ 分かりやすい段落構造にする

　論より証拠。ポイント・ファーストにすることが、どれほど文章をシンプルに分かりやすくするか、文章例を出してみましょう。

　労働者が、長引く不況下で、過重な心理的負荷を経験した追いつめられたすえにうつ病に陥る。これは、1990年代以降、一連の裁判によって社会的にも広く認められたストレス説である。政府も、判決を受けて、新たなメンタルヘルス政策を打ち出し、うつ病は働く人々の健康問題として社会的に認知された。精神科医も、労災認定に日々かかわるなかで、社会的重責から人々を救済する新たな役目を担い始めている。これらの判決によって、うつ病がまさに「誰でもなる病気」であることが立証されて、うつ病は「ストレスの病」

であるという考え方が広く流布し、過労うつ病、過労自殺裁判がメディアでもさかんに取り上げられるようになったのである。

　内容は分からなくはないのですが、やや読みにくい感じがしませんか？　とくに問題なのは、冒頭でトピックになっているのは、裁判所の「判決」なのか、「労働者」なのか、それとも「うつ病」のことなのか、迷うことです。

　実際、「労働者」「不況」という言葉の方が先に出てくるので、労働状況の話なのか、と読者は思うはずです。その後に「政府」という、これまたかなり大きな意味を持つ言葉が出て来ます。「そうか、労働政策がテーマなのか！」と分かったような気になったと思ったら、その後で「うつ病に陥る」と、またビッグ・ワードが出てきます。キーワードらしきビッグ・ワードがあちこち出てくるので、どこに焦点を置いて読めば良いのか、絞りにくくなってしまうのです。

◆ ポイント・センテンスを決める

　この段落を分かりやすくするには、まず、どれをポイントにすればいいのか、を決定します。実は、この文章には先があって、次のように続きます。

　この意味において、うつ病のストレス説は、日本精神医学に新しい風を吹き込むものにも思える。というのも、精神医学は歴史的に、精神障害者を生物学的に異質な者として描きがちであったからだ……

　したがって、話題は「うつ病のストレス説」なのです。そこで、ポイ

ント・センテンスを「うつ病」と「ストレス」というキーワードが両方
入っている一文「うつ病が『ストレスの病』になったきっかけは裁判に
ある」においてみましょう。そうすると、次は述語にある「裁判」と
「うつ病のストレス説」がどうつながっていくか、ということに話しの
焦点が移るわけです。

　とすれば、その次の文の内容として続けるのは、「どのようにして、
裁判がきっかけになったのか？」でしょう。それについては「裁判によ
って社会的にも広く認められた」とあります。では、もし裁判で社会的
に認められたとしたら、その影響がどう社会的に発展したのでしょう
か？　答えは「政府も、判決を受けて、新たなメンタルヘルス政策を打
ち出し」というところでしょう。こんな風に、次々と芋づる式に出てく
る疑問に答えるような形で、細部の情報を続けて書いていって、全体を
書き換えてみましょう。すると、次のようになるはずです。

書き直し後

うつ病が「ストレスの病」であるという考え方が広く流布したの
は、1990年代以降の一連の裁判によってであった。これらの裁判
で、長引く不況下において、労働者が過重な心理的負荷を経験して
追いつめられたすえにうつ病に陥る、というストレス説が確立され、
「誰でもなる病気」であることが立証されたのである。このような
判決を受けて、政府も新たなメンタルヘルス政策を打ち出した。そ
のため、うつ病は働く人々の健康問題として社会的に認知され、精
神科医も労災認定に日々かかわり、労働者を社会的重責から救済す
る新たな役目を担い始めた。このようにして、メディアでも「過労
うつ病」「過労自殺」などがさかんに取り上げられるようになった
のである。

一文ずつ内容を分析すると、以下のようになります。最初に言いたいことの中心であるポイント・センテンスがあり、それから細部の情報が続いている構造が明らかですね。このように文章を整理すれば、「裁判での認定」が、「うつ病」の社会的意味合いを創り出し、それが行政・社会・医療・メディアなどにドミノ倒しのように、次々に広まって、結局「うつ病＝ストレスの病」という考え方が、一般にも認知されるという流れがクリアに浮かび上がってくるのです。

ポイント・センテンス	うつ病が「ストレスの病」であることが広まったのは一連の裁判にある
主な内容	ストレス説が確立した
規定	「誰でもなる病気」であることが立証された
行政への影響	政府も新たなメンタルヘルス政策を打ち出した
社会的心理	うつ病は労働者の健康問題として認知された
医療体制	精神科医も労災認定に関わる
報道	メディアで「過労うつ病」「過労自殺」が取り上げられる

◆ ポイントは簡潔な表現にする

　大切なのは、このようにポイント（概略）とサポート情報（細部）を分けるのなら、両者の間でハッキリ役割分担すべきだということです。つまり、ポイントの部分はできるだけ簡潔に、それに対して、サポート情報では、何文か使って、できるだけくわしく分かりやすく言い換えるのです。逆に言えば、ポイントのところでは、全部言いたいことを言い切らなくてよくて、大きな方向さえ分かれば良いのです。

　むしろ、その後の細かなサポート情報に対して、読者に期待を持ってもらうためには、あえて細かいことは言い残すべきなのです。そういえば、松尾芭蕉が「言いおおせて何かある」（全部言い切ったとして、そ

のどこが良いのだ？）という有名な言葉を残しています。先を読み進んでもらうためにも、細かいところまですべてを説明する必要はないのです。

　当然、ポイント・センテンスは短い簡潔な文になります。修飾語や修飾句は最低限にして、「…は〜である」というシンプルな命題の形になるのが良いでしょう。実際、書き直し後の文章では

　　うつ病が「ストレスの病」であるという考え方が広く流布したのは、
　　1990年代以降の一連の裁判によってであった。

と、元々の文章の冒頭が

　　労働者が、長引く不況下で、過重な心理的負荷を経験した追いつめられたすえにうつ病に陥る。これは、1990年代以降、一連の裁判によって社会的にも広く認められたストレス説である

と二文で構成されていたのに比べて、一文でだいぶシンプルになっているのがお分かりでしょう。こういう風に、**ポイント・センテンスはなるべくシンプルな文にする**のが、分かりやすくするコツなのです。

ポイント・センテンス ➡ 論述の方向だけ示す ➡ 簡潔に述べる

◆ サポートはくわしい方が良い

　逆に、それに続くサポート情報の部分は、くわしく分かりやすく述べる必要があります。ここをどれだけくわしくできるか、分かりやすくできるかはそれまでの調査（リサーチ）や、そこから自分が考えたことの充実度を表現します。データには間違いがないように、どこから得たデ

ータなのか、どんな傾向が読み取れるのか、その解釈はどうか、背景や原因はどのように考えられるか、などを丁寧に書いていきます。特に、自分の思考の記述については、論理矛盾や飛躍がないか、理由もなく主張していないか、内容が曖昧でないか、などをチェックしましょう。

　実際、例に出した文章でも、サポート情報の部分で「うつ病はストレスから発症する」ということが、「世論」「政府」「医者」「メディア」などと、いくつもの方面にわたる事情を通じて述べられています。だから、それらをまとめて「社会的に広く認知された」という一般的な内容につなげられるわけです。

世論 ＋ 政府 ＋ 医者 ＋ メディア ➡ 社会的に広く認知

　逆に言うと、「社会的な広い認知」という一般的な内容を支える具体的な要素として、世論・政府・医者・メディアなどの各要素が必要だったわけです。

04 論理展開の典型的パターン

◆ ツッコミに応えて展開する

　実は前節の細部の情報も、読者からのツッコミに応える形で展開されています。うつ病が「ストレスの病」であることが広まったのは裁判のおかげだと主張すれば、「え、いったいどういう風に裁判が関係しているの？」と、読者からツッコミが出てくるでしょう。それに対しては「裁判で…労働者が…追いつめられたすえにうつ病に陥る、というストレス説が確立された」と述べられています。きっと労働者がうつ病になって自殺したケースで、上司・会社の責任を追求した裁判などで「過重労働で追い詰められてうつ病になった」という主張がなされて、それを裁判所が認定したのでしょう。

　しかし、それに答えたとしても、次は「裁判所が認定したおかげで、どうなったの？」というツッコミが来るはずです。そこで「判決を受けて、政府も新たなメンタルヘルス政策を打ち出した」とあれば、司法だけでなく、政府つまり行政までが動き出したということになります。裁判所での認定の影響が社会に広まっていく様子が分かりますね。

◆ 影響を追求して問題を深める

　そういえば、かつての刑法には「尊属殺人」という条項があったのですが、父親が娘に殺されたある裁判で、最高裁で「尊属殺人は違憲である」とう判断が出たために、刑法が改正された、という例もありました。このように、司法に訴えることは、行政や立法にも影響を与え、社会を変える一歩になるわけです。だから、裁判に提起することは、その勝ち負けだけではなく、むしろ、その社会的影響が大切だと言われています。

　こんな風に、読者からのツッコミに丁寧に答えているうちに、司法と

行政の兼ね合いはどうなっているか、憲法の役割はどうなのか、などというより根本的な問題にさらに触れていくことになるのが分かりますね。つまり、読者からのツッコミを予想して、それに応えつつ、サポート情報を充実させるという作業は、最初に提起した問題の把握をより深める、という効果を持つことになるのです。段落を整理することは、たんによりよい表現にするのではなく、問題をより深め、発展させるきっかけになるのです。

ツッコミに応える ＝ 問題のより深い把握

◆ スネーク型とピーコック型の説明

サポート情報で根拠を出すというと、よく「1…。2…。3…」とか「第一に…。第二に…。第三に…」などと箇条書きにする人がいます。これをピーコック型（孔雀型）と言います。つまり、まるで孔雀が羽を広げたように、根拠をあれこれと列挙してみるのです。これは一見明快な感じがしますが、難点があるとすれば、一つ一つの根拠が独立していて、互いの関連が分かりにくいことです。さきほどの「うつ病」の文章をこの方式で書いてみましょう。

うつ病が「ストレスの病」であるという考え方が広く流布したのは、1990年代以降であった。第一に、裁判では、長引く不況下において、労働者が過重な心理的負荷を経験して追いつめられたすえにうつ病に陥る、というストレス説が確立され、「誰でもなる病気」だと立証された。第二に、政府も新たなメンタルヘルス政策を打ち出した。そのため、うつ病は働く人々の健康問題として社会的に認知された。第三に、精神科医も労災認定に日々かかわり、労働者を

> 社会的重責から救済する新たな役目を担い始めた。このようにして、メディアで「過労うつ病」「過労自殺」などがさかんに取り上げられるようになったのである。

どうでしょう？ 前の書き直しと似てはいますが、ニュアンスがかなり異なっていますね。「うつ病が『ストレスの病』である」ことが広く知られるようになったことは、裁判と政府と精神科医で独立に進行し、その結果としてメディアも取り上げたという構造になっています。つまり、次のような因果関係です。

ピーコック型

それに対して、始めの書き直し例では、裁判の結果が行政に影響し、そこに医療関係者が関わり、その結果としてメディアにも取り上げられるようになった、という構造です。

スネーク型

裁判 ➡ 政府 ➡ メディア ➡ 精神科医 ➡ メディア

つまり、一つの分野の説明が次の分野の説明につながり、さらにその説明が次の説明につながり、それがさらに……という風に、根拠同士が一直線につながっていきます。全体がずらずらとつながっていくので、これをスネーク型（蛇型）と言います。この形の良い点は、**始めの論理が次々に展開して変わっていき、その結果として最後が出てくる様子が**

よく見えて、論文全体が前に進んでいる感じがすることです。

◆ どちらの構造が良いのか？

　サポート情報の構造としては、このピーコック型とスネーク型のどちらがよりよいのでしょうか？　実は、どちらがいいとは一概に言えません。法律の論文などでは、ある説を妥当だと判断するときに、理由を複数列挙する場合が少なくありません。裁判の判決などでも、具体的な状況を動機と証拠、利害状況などといくつかに分類して、それらを一つ一つ検討し、最後に総合評価して「この人はこの犯罪をやったはずだ」と推定します。「これは…。あれは…。さらにこっちは…」と一つ一つチェックしていって論点を尽くす、というやり方ですね。それをモデルにしたのか、高校などで「明快な小論文の書き方」を教えるときは「主張＋三つの根拠の列挙＋結論」という構造を「パターン」として教える場合もあるようです。

| ピーコック型 | 要素分類＋チェック | 論点を尽くす |
| スネーク型 | 前提から結論への展開 | 発展、ダイナミズム |

　ただ、問題なのは、こういうチェック方式の構造では、最初の前提となる考えが一つの種のように、しだいに根と茎を伸ばして成長し、大輪の花を咲かせる、というような発展やダイナミズムの要素が少ないことです。そのような「論理展開」をアピールするなら、スネーク型の方が適していると言えるでしょう。大学のレポートでは、学生の思考力を評価するのも大事なことなので、スネーク型の方が好まれるでしょう。少なくとも、全体をピーコック型で構成しても、その一つ一つについては十分展開して、スネーク型に近づけるようにしたいものです。いわば、多頭のスネークというかヤマタノオロチみたいな構成になるですね。

◆ 既知の情報から未知の情報へ

サポート情報の構成の仕方として、もう一つ大事なのは「既知の情報から未知の情報へ」の流れを作ることです。第一文は「うつ病」というテーマを設定し、それが新しい情報である「裁判」につなげました。次は「その判決をうけて政府が……」と「裁判」という既に出てきた情報を、次の新しい情報「政府」へとつなげます。ここから「政策」という新情報が出てきて、さらに新しい情報「社会的に認知」へと発展します。そこから現場を担当する「精神科医」につながり……というように、既知の情報が次々と未知の情報につなげられていきます。

前の文
古い情報 新しい情報
　　　‖ 繰り返し・共通点
　　　古い情報 新しい情報
　　　後の文

しかも、重要なことは、既知の情報から未知の情報へのつながりに大きな飛躍がないことです。既知の情報から容易に予想できる範囲の未知の情報でなければならないのです。このつながりが容易に分からないと「あれ、ここは、どうしてつながるんだろう？」と読者が疑問を持ちます。そういう疑問が積み重なると「分からない！」という感想につながるのです。

◆ はじめて読むつもりで見直す

だから、自分の文章を見直すときは、自分がはじめてこの論文を読む読者になったつもりで読み直さなければいけません。そのためには、書き終わってから、ある程度時間をおかなくてはなりません。このことをよく "sleep over" と言います。寝過ごすという意味ではありません。

むしろ、論文を書いたら「一晩寝かせろ」ということです。

　前述したように、書いているときは、書き手は「なんて、素晴らしいことを書いているのだ、自分は！」というような一種の高揚状態にあります。そういう状態にならないと、長い文章を一気に書くことは出来ません。しかし、それだけに冷静な判断はできなくなってしまいます。そこで、書き終わったら、とりあえず一晩おいて冷静になり、朝の「しらけた気分」の時に読むと良いのです。そうすれば、足りないところ、ダメなところがよく分かり、直すべきところがよく分かるようになります。文章を見直すためには、いったん時間をおいて、別人格にならなければいけないのです。

◆ 対比を使って特徴と変化を表す

　最後に、論理展開だけでなく、具体的なものごとの変化の書き方も説明しておきましょう。何らかのものごとが変化していく様子は、実は、今までにも出てきた「対比」の表現を基本にして書くことができます。表現で書くことができます。対比とは「Aは…である。それに対して（しかし）Bは〜である」という形式です。この場合「…」と「〜」には対義語、つまり、反対の意味を持つ言葉が入ります。たとえば「黒と白」とか「個人と集団」とか。「日本人の行動は集団主義的である。それに対して、欧米人の行動は個人主義的である」などと入れれば良いのです。両者の相違や特徴を強調する形式ですね。

対比 ＝ Aは…である。それに対して（しかし）Bは〜である ＝
相違や特徴を強調する

　しかし、この対比表現を使って、ものごとの変化を描くことも出来ます。つまり、「はじめは……であった。しかし、最後は〜となった」というように時間経過を表す言葉をちょっと付け加えるだけで、対比は変

化の描写に変わるのです。

> 20世紀末では、日本経済は「ものつくり」として捉えられることが多かった。しかし、現在では、むしろ「観光」などがキーワードとして注目されるようになった。それだけ、製造業が衰退して、サービス業に期待するという日本経済の構造変化がはっきりしてきたからだろう。

　ここでは「20世紀末」を始点、「現在」を終点として、この二つを対比しています。ただ「ものつくり」と「観光」だけでは、対義語の関係がはっきりしないので、次の文で「製造業」「サービス業」と抽象化して、対比を明確にしています。実際、この二つの順番を変えてみれば、変化の基本が対比であることがよりハッキリするでしょう。

> 20世紀末には、日本経済は「製造業」主体にイメージされた。しかし、現在では「サービス業」主体として考えられている。実際、日本を「ものつくり」大国とする言説は次第に少なくなり、「観光」などに期待する傾向が見られるようになった。

◆ 対比を使って変化を予測する

　社会科学などでは、このように例示やデータなどを使って、ものごとの変化を表し、その方向が続くと仮定して、将来どうなるかを予測したり、政策的に「どうしたらいいか？」などと提案したりすることがよくあります。そういう場合、この対比の方法は便利な書き方です。前述した「うつ病」についての文章の先を見てみましょう。

> 精神医学では、もともと精神障害者を生物学的に異質な者として捉える傾向が強かった。しかし、生物学的に研究しても、精神病の原因や治療法は一世紀以上見つからず、逆に精神病をスティグマ化してしまう弊害が目立ってきた。そこで、1960年代末からの反精神医学運動で内部批判が起り、社会的視点をどう採り入れられるのか、模索が続いた。その意味で、日本のうつ病論は「普通の人でも精神病になり得る」という視点を提供したことで、社会精神医学的視点の一つの到達点だと評価できるかもしれない。

ここでは始点と終点だけではなく、途中の通過点も描かれています。つまり、「精神医学のもともと」の立場が始点で、それが順調に成果を上げることが出来なかったことが通過点１、そこから「反精神医学運動の模索」が通過点２、終点が「日本のうつ病論」で、「反精神医学運動」の課題であった「社会的視点」が入っている、という意味で画期的である、と肯定的に評価しているわけです。

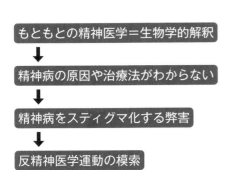

社会的視点をどう採り入れるか？

日本のうつ病論＝普通の人でも精神病になり得る
　　＝
社会精神医学的視点

　「生物学」が「社会」という反対の意味を持つ言葉に変わっていく有様が、ハッキリと出ていますね？　その対義語の関係をつなぐのが、通過点での状況の説明です。生物学的研究が続いたが、順調に成果が上がらない。そのなかで、社会的視点を取り入れられないか、と思っていた。そのときに、ストレスが強ければ、普通の人も「うつ病」になるという見方が出てきて、精神病になる人は普通の人とは異質なのだ、という見方が否定されて、むしろ社会的な要因に注目されるようになった、というわけです。その意味で「うつ病＝ストレス論」は、旧来の「精神医学」と大きく違うというイメージが強調されます。

　このように、対比の構造を意識しながら使えば「何から何に変わったか？」という変化をより的確に記述できます。その方向が明確になれば、将来の予測も簡単でしょう。漫然と変化を描くのではなく、構造を根本的に捉えることで、より明快な文章の流れを作ることができるのです。

第4章
わかりやすい文の作り方

STORY 4 似ている二人

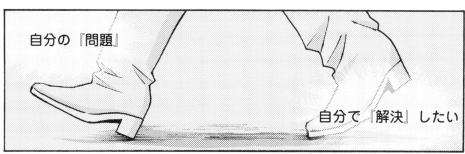

そして文や文章の内容を区別して書き分けるために『わかりやすい文章』にするために意識すべきなのが『接続語』の使い方

アメリカの禁酒法は、飲酒の害をなくそうと法律で酒の提供をやめさせようとした。**しかし**、その結果、飲酒の害はさらに悪化した。**なぜなら**、飲酒への需要は変わらず、ギャングがその仕事を引き継ぎ、酒の値段は高くなり、ギャングは利益を得ただけでなく、縄張りを巡って武力衝突が頻発し、一般

文と文とがどうつながっているかを示すのが接続語だ

『つまり』なら前後の文は同じ意味になるし

『しかし』『なぜなら』

『しかし』の反対の意味
『なぜなら』なら
前の文の理由を次の文で説明する

接続語はたくさんある
それらを用途に合わせて
使いこなせば

接続語	意味
そして、それから	前に続いて後が起こることを示す（推移）
さらに、また、それに	前に付け加えて新しい情報を示す
こうして	まとめを表す
一方（他方）	別の側面があることを示す
それに対して	対比を表す
たとえば、実際	具体例、例示を示す
つまり、すなわち	前と後がまったく同じ内容であることを示す
だから、それゆえ、したがって、よって	前の条件の下で必ず後ろの結果が生ずる
ただ、ただし、もっとも	前後の内容が反対かつ後ろの内容が弱い（補足）
だが、しかし、ところが	前後の内容が反対かつ後ろの内容が強い（逆説）

子どもの遺伝情報が誕生前に分かるようになってしまうと、妊娠中絶が多く ~~なってしまう~~ なるだろう。~~やむをえず中絶を選ぶしかない事もあるかもしれないが、~~ 両親の子どもへの幸福な人生を送って欲しい、難病を抱え込まないで欲しいとの思いから中絶を選ぶからだ。

『余計なことを書かない』こと

巧みな比喩も凝った表現もいらないし

人口減少で、都市が直面するのはまず「スポンジ化」であろう。これは、都市の大きさや外縁が変わらない中で人口が減少するために、~~まるで物体にぶつぶつと気泡が混じるようにして、~~ 都市内空間の中に、空き地・空き家が生じて、全体としての密度が下がっていく現象だ。

知識の生産と流通に関わる人々、つまり知識人は、一般大衆から分離した存在と見なされてきた。これは ~~知識階級・インテリ~~ 知識人自身にも共有されてきた。

同じような意味の言葉は統一すべきだ

そして論文は自分の考えを書くものなのであえて『〜と考える』と言及することはない

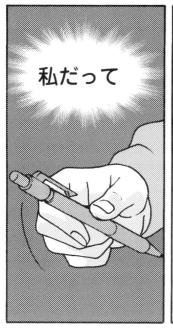

# 01 論文の文章の基本

◆ 論文に「私は…と考える」は要らない

　論文は自分なりの問題解決、つまり意見を述べる文章だと言いました。それを意識しすぎて、意見を述べるとき「私は…と考える」という表現を多用する人がいます。しかし、これは間違った書き方です。

　もし論文が「自分の意見」を述べるという文章なら、「筆者の意見」が書いてあるのがデフォルト、つまりお約束事です。実際、いちいち「私は…と考える」を書くと、文章が冗長になります。

> 　私は、日本に原子爆弾を投下するというトルーマン大統領の決断は、日本人にとっても幸運だったと思う。なぜならば、原爆が投下されなかったら、本土決戦が行われたはずだからだ。本土決戦になったら、その犠牲者数は原爆の比ではない。実際、上陸作戦が行われた沖縄では、住民の40％が犠牲になったと言われる。もし、本土で同じことが行われたら、当時の人口8000万人の40％、つまり3200万人が死亡した可能性がある。原爆の犠牲者は10万人ほどなので桁が違う。国民の生存率から考えれば、原爆投下は、むしろ利益だったのだ。

　ずいぶん、非情な内容のように思えますが、これは「戦争論理学」という学問分野で扱われる内容です。戦争の効果をどう評価するか、という内容なので、感情に触れる部分もあるのですが、とりあえず理屈としてどうなのか、に集中して考えてみましょう。そうすると、ここでは「私は…考える」をカットしても構造は変わらず、ほぼ同じ意味になる

166

ことが分かります。

　それどころか、「私は…と考える」がない方が、文章の理屈がスッキリ表現されていると感じるでしょう。余計な部分がなくなった分、議論や主張の本質部分だけが出てきているからです。

◆ 修辞疑問文は使わない

　主張・解決を「……ではないだろうか？」という読者への問いかけで書く人も少なくありません。これは修辞疑問文と言って、実は「……である」という肯定的な反応を期待して問いかけを行っているのです。要するに、疑問は形だけのことなので、「修辞」つまり上辺の表現だけが疑問になっていると言うのです。

　しかし、これも簡潔を目指すのであれば「……である」と、そのまま断言すれば良いのであって、わざわざ問いかけの形にする必要はありません。実は、先ほどの文章は、元々、次のように書かれていました。

　日本に原子爆弾を投下するというトルーマン大統領の決断は、日本人にとっても幸運だったのではないだろうか？　原爆が投下されなかったら、本土決戦が行われたはずだ。原子爆弾投下で亡くなった方にはまことに気の毒な言い方かもしれないが、本土決戦になったら、その犠牲者数は原爆の比ではなかったはずだ。実際、上陸作戦が行われた沖縄では、住民の40％が犠牲になったと言われる。もし、本土で同じことが行われたら、当時の人口8000万人の40％、つまり3200万人が死亡した可能性がある。原爆の犠牲者は10万人ほどなので桁が違う。国民の生存率から考えれば、原爆投下は、むしろ利益だったとも言えそうである。

賛否が分かれるような、かなり刺激的な内容、政治家が言ったら「暴論」と批判されそうな内容なので、断定の形にはしたくないという書き手の気持ちはよく分かります。だから「……ではないだろうか?」とわざと問いかける形にして、「原子爆弾投下で亡くなった方にはまことに気の毒な言い方かもしれないが……」と言い訳もしているわけです。

しかし修辞疑問文にしたところで、表現が多少柔らかくなるだけで、実質的な意味は何も変わりません。同じ意味なら、主張の方向性をハッキリさせる方が論文のやり方として適切です。こういう風に論争を引き起こすような問題を扱うことは、学術に関わる論文の本質であり、表現を軟らかくすることで、済むようなことではありません。むしろ、簡潔な言い方にして、問題の核心に突っ込んでいかねばならないのです。

`論文の文体` = `簡潔な言い方` + `問題の核心に直面する`

◆ 他人の意見には必ずクレジットを付ける

自分の意見を述べるのがデフォルトだとすると、逆に、**他人の意見には「誰々がこういった」という断り書きを付ける**必要があります。普通は、注釈の形で、誰の何という論文の何頁に書いてあったか、を明示しなければいけません。たとえば、誰かの意見を引用したときは、以下のようになります。

(本文)…これは具体的に「彼のもの」suumを示す実質的定義によって補われなければならない。正義をめぐる思想闘争の歴史は、この実質的定義をめぐる争いの歴史である。[4]

注(4)長尾龍一「正義論スケッチ」、『思想史斬断』、木鐸社1981年、34-36頁

一方、地の文で、他の人の意見を紹介するときには、次のような書き方になります。

（本文）…第二言語習得では、Kobayashi& Rinnertが日本語（L1）・英語（L2）・中国語（L3）による大学生のライティングを分析している[4]。そこでは、3言語を通じてL2の書き方が優勢であること、L1, L2間ではレトリックや構成に共有部分が認められ、L1、L2の談話構造が発達した後にそれがL3に及ぶこと、言語により内容を書き分けることが示されている。

注（4）: Kobayashi, H.,& Rinnert, C. (2013). L1/L2/L3 writing development: Longitudinal case study of a Japanese multicompetent writer. Journal of Second Language Writing, 22（1）, 4-33.

どちらも、情報の出所が細かく書かれていて、読む人が確認できるようになっています。ただし注の書き方には、前にも触れたように脚注（頁の下に記す）にするか、後注（各章の最後に記す）のか、分野や慣習によって方法がいくつかあるので、自分の分野の論文がどういう書き方をしているのか、担当教授の論文などを見て、確認しておいた方が良いでしょう。

大切なのは、他人の意見に触れたり引用したりする時は、必ず「これは他人の意見である」という断り書きを入れることです。そうしないと、他人の意見を自分の意見として書いたということになるので、「剽窃」だと見なされます。「剽窃」と認定されたら、その結果は重大です。学生の場合なら、その科目の単位取り消しになるだけでなく、その学期の全科目の単位取り消しや場合によっては退学につながる場合もあるので、十分気をつけましょうね。

他人の意見 ＝ 自分の意見を明確に区別して書く

02 　文章の整理の仕方

◆ 文はシンプルに短く、個性は要らない

　このように、論文・レポートでは文は簡潔を旨として、書き手の個性は必要とされません。文は、シンプルで分かりやすく事実を伝え、「ここからが自分の意見ですよ！」とはっきり分かるように、他人の意見である場合は明示します。内容における個性は大切ですが、難しい表現も言葉遣いも必要ありません。ひたすら「簡潔に分かりやすく」を目指せばいいのです。

　分かりやすくするには、どうすべきか？　まず、気をつけるべきは、一文の中にたくさんの情報を詰め込みすぎないことです。**一文には、基本的に1メッセージにして「～が…をする」という行動の形にします。**特に、自分の言いたいことを一挙に言い表そうとすると、多様なメッセージを一文の中に修飾句の形で詰め込もうとしがちです。しかし、そのことが文を分かりやすくしているのです。

　たとえば、つぎの一文を読むと「面倒だな」と感じる人が多いのではないでしょうか？

　長引く不況下、過重な心理的負荷を経験した労働者が、追いつめられたすえにうつ病に陥る、というストレス説は、1990年代以降これを法的に確立した一連の裁判によって、社会的にも広く認められるところとなった。

　分かりにくい原因は、一文の中に入っているメッセージが多すぎる事です。ここは、以下のように、4つのメッセージが重なって入っていま

す。読んで行くにつれ目移りするため、構造が一目で読み取れなくなって、読者に過重なストレスをかけるのです。

1　不況が長引く中、労働者は過重な心理的負荷を経験している
2　過重な心理的負荷を経験すると、うつ病に陥る
3　「うつ病＝ストレス」説は1990年代以降の一連の裁判で法的に確立した
4　裁判によって「うつ病＝ストレス」説は社会的にも広く認められた

◆ **主人公の行動の形にする**

そこで、これら四つのメッセージを分離して、それぞれ一文ずつ使って整理してみましょう。まず、時系列つまり時間に従ってストーリーとして並べていくと、次のようになるでしょう。

> 不況が長引く中、労働者は過重な心理的負荷を経験していた。このような過重な心理的負荷を経験すると、うつ病に陥る可能性が大きい。これは「うつ病＝ストレス」説と呼ばれるが、1990年代以降の一連の裁判で法的に確立され、社会的にも広く認められるようになった。

だいぶ分かりやすくなりましたね。これは出来事が起こった順番で並べていったわけです。つまり、次のような流れですね。

不況が長引く

労働者の過重な心理的負荷

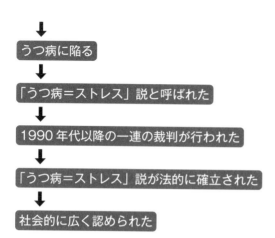

　簡単に言うと、「不況」という登場人物が、労働者に負荷をかけたために、うつ病という事態を引き起こし、裁判も起こったために、「うつ病＝ストレス説」が法律的にも確立した、それが「社会的認知」にもつながった、と理解するやり方です。「こんなひどいことになったのは。不況のせいだ。悪者は不況だ！」という理解ですね。

◆ 時系列以外の整理

　しかし、こういう時系列による描写だけが、事態を説明する方法ではありません。たとえば、「なぜ、『うつ病＝ストレス』説が広く言われるようになったのか？」という疑問に応える記述にするとしたら、上のような順番ではない方が良いはずです。なぜなら、「広く言われるようになった」原因は何かに答えることこそ、つまり、「広く言われるようにした」人／機関こそ核心的な内容だからです。こういうときは時系列が分かっても仕方ないのです。もちろん、書き方も変わってきます。

　「うつ病＝ストレス」説が広く認められるようになったきっかけは、1990年代以降の一連の裁判である。これは、労働者がストレ

> ス、つまり心理的負荷を経験すると、うつ病に陥るという考え方だ。不況が長引く中で過労うつ病・過労自殺が頻発し、裁判で争われる中で、このようなうつ病観が法的に確立され、社会的にも認知されたのである。

つながりを図示すると以下のようになります。

「うつ病＝ストレス」説が認められたきっかけは何か？

1990年代以降の一連の裁判である

学説の定義＝労働者が心理的負荷を経験するとうつ病に陥る

過労うつ病・過労自殺の裁判が争われる

このうつ病観が法的に確立された

社会的にも認知された

　ここでは登場人物が変わってきます。つまり、「きっかけは何か？」という問いに対して、裁判だ、と言うわけです。「きっかけ」という謎の人物がいるので、その正体は何だ？　と問うと「裁判」ないし「裁判所」であることが分かる。その後に「うつ病＝ストレス」説が何かを説明し、過労うつ病・過労自殺が裁判になったために、この説が確立した、だから社会にも広まったのだ、というつながりになるわけです。つまり「きっかけは誰だ？　裁判だ！　裁判エライ！」という文脈になるのです。
　同じ一連の出来事を扱っているはずなのに、焦点となっているものが

違うために、片方は問題を起こした悪者探し、もう一方は問題を解決した貢献者探し、と書き方もまったく違ってくるわけです。文章の進む方向が違ってくるので、同じ事態でも、書き方が違ってくるわけです。

◆ 整理の仕方でテーマも変わる

このように「誰／何がやったのか」というように登場人物を一貫させるだけで、文章の内容が変わってきます。もし日本社会における「不況の影響」を論じたいのなら、前のように「不況」を主人公に据える書き方にすべきでしょう。それに対して、「うつ病の解釈における裁判の役割」を焦点にしたいのなら、後のように「裁判」を主人公に据える書き方にしなければなりません。

逆に、「うつ病解釈における裁判の役割」をテーマにした論文なのに、「不況」を主人公に据える書き方で、時系列的に述べていったら、何だかぼやけた印象になってしまいますね。材料として挙げた原論文では、まさに「裁判の役割」がテーマになっているので、それに適合した書き方を模索すべきなのです。

このように、文を整理するには、主人公とその行動という形を明確化することで、テーマやポイントに適合した書き方にする必要があるし、そういう書き方にしないと文意も明瞭になりません。

文の整理 ＝ 主人公 agent ＋ 行動 action

03 接続詞の使い方

◆ 接続語で次の内容を予想させる

　このような文の流れを作るときに大事なのが、接続詞または接続語です。接続詞は「つなぎことば」と呼ばれ、一つの文と次の文が、どうつながっていくのかを表す言葉です。ただ、論文における概念では、文法的に「接続詞」と言われる品詞より範囲が広くなります。たとえば「逆に言うと」などは、文法的には接続詞ではありませんが、前の文と後の文を「同じ意味」「逆の表現」でつなぐものなので、論文では接続語

接続詞の分類

何となくつなぐ	そして、それに、(また)、それで
言い換えて説明する	つまり、すなわち、あるいは、……のである、逆に言うと
理屈づける	だから、したがって、それゆえ
順序立てる	まず、第一に、最初に、次に、最後に
つけ加える	また、さらに、そのうえ、それから、かつ
理由を挙げる	なぜなら……からだ、というのは
例を出す	たとえば、実際、じじつ
異議を唱える	しかし、だが、でも、ところが、ただ、なお、とはいえ
比較・対比する	一方……他方……、むしろ、それどころか、それに対して、逆に、反面
強調して区別する	とくに、まして、そもそも、とりわけ
ダメ押しして結論に持ち込む	このように、要するに、結局、とにかく、やはり
話題を転換する	さて、ところで、では
配慮して譲歩する	もちろん……しかし……、たしかに……だが……

第4章　わかりやすい文の作り方

と言えるでしょう。

　接続詞／接続語の働きは、文同士をつなぐだけでなく、次の文とどういう関係にあるかを表示します。たとえば「たとえば」「実際」などは例を挙げる、「つまり」「したがって」などは前の文から後の文が論理的に導かれる、「しかし」「だが」などは、次文が反対の意味を持つ、など、それぞれ固有の意味があります。

　しかし、さらに重要なのは、**接続詞が、文を読み理解するスピードをコントロールする役目を果たすこと**です。実際、「たとえば」と出てくれば、「次の文は、具体例だな」と予測できるので、その内容に向けて、読者は、１秒の何分の一か前に気持ちを準備することが出来ます。その準備に沿った内容が出てくれば、「おお、予想通りの展開だ！」となるので、読む快感が増し、読みのスピードも加速します。逆に、予測と反対の内容が出てくると「なぜ、こういう内容になるのだろう？」と考え込んでしまうので、読みのスピードがめっきり鈍ります。

◆ 論文から「そして」を追放する

　前表でとくに注意したいのは、「そして」のところです。「何となくつなぐ」と書いてあります。「あれ？」と思った人も少なくないでしょう。学校では、「そして」は順接と習った人が多いかもしれません。

　順接とは「前の文が、後の文の原因・理由になっている」あるいは「前の文の内容から考えて、後の文の内容が当然と考えられる」場合を言います。「しかし」は、その反対で「逆接」。「前の文から予想されることと、反対の結果が後の文で述べられている」場合です。

　しかし「そして」が、原因・理由や当然の内容を表すかどうかは、かなり問題です。たとえば、「雨が降っている。だから今日は会社に行きたくない」は理由から結果という流れを表すでしょう。逆に「雨が降っている。しかし、今日は会社に行きたくない」なら、雨が降っているときは、当然会社に行くことが期待されている。その期待に反して「行き

たくない」という気持ちが表れるわけです。

しかし、「雨が降っている。そして、今日は会社に行きたくない」はどうでしょうか？　どちらかといえば、「雨が降っている」という悪いことに、「会社に行きたくない」という悪いことが重なっている感じで、理由・原因にはなっていません。そんなわけで、最近は「そして」は順接ではなく、「添加＝付け加え」だと教えられることが多いようです。

問題なのは、「そして」を多用すると、文意が不明瞭になりがちなことです。たとえば、次は、ある医師が書いた「嚥下」についての解説の文章です。

人間は食物を認知します。そして、口まで運んで、口腔内に食物を取り込みます。そして、飲み込める状態にして、食塊を咽喉から食道内に送ります。そして、その食塊を食道から胃の中に送りこむ。これらの一連の動きのことを嚥下と呼びます。

分からなくはないのですが、何だか一つ一つ辿り読みするようで、冗長で幼稚な感じがします。しかし、そういう印象は、接続詞を代えるだけでまったく違ってきます。

食物を胃の中に送り込むまでの動きを「嚥下」と言います。つまり、食物を認知して口まで運び、口腔内に食物を取り込み、咀嚼して飲み込み、それから、その食塊を咽喉から食道内に送り、最後に食道から胃の中に送る。これら一連の動きが嚥下なのです。

どうでしょう？　全体がキビキビした感じになって、わかりやすさがグッと増したはずです。これは接続詞を、適切な形で用いたことで現れ

た効果です。

　まず、前章で説明したポイント・ファーストの技法を使って、全体で言いたいことを冒頭に起きます。その後に「つまり」を置いて、以下の文が前の文の言い換え・説明になっていることを示します。最初の三つの読点のところは「……運び、……取り込み、……飲み込み、」と連用中止法にして時系列であることを示し、「それから」でさらに先に続ける。これらの連続の終わり「最後に」で示し、「これら」と指示語を使ってまとめるわけです。

食物を胃の中に送り込むまでの動きを「嚥下」と言う
　　‖ つまり（以下が説明であることを示す）
食物を認知して口まで運び、口腔内に食物を取り込み、咀嚼して飲み込み
　　＋ それから（先に続ける）
その食塊を咽喉から食道内に送り
　　↓ 最後に（終わりを示す）
食道から胃の中に送る
　　‖ これら（すべてをまとめる）
一連の動きが嚥下である

◆ 読み手に見通しを持たせる

　前の文章では、一つの文が終わると、「そして」で次の文がはじまり、これが終わると、また「そして」で次につながれる。これを何度か繰り返すことで結論に至ります。

　それに対して、後の方の文章では、まず冒頭で、「嚥下とは何か」の答えが一文で述べられ、「つまり」があるので「ここから説明が始まる」と分かり、「…し、…し」と連用形でたたみかけられるので、それを見れば…納得できます。だから…結論に行けるのです。このように、接続詞が道標のようになって、文章の道筋が見やすくなるのです。

逆に、見通しが立たないまま読み進まなければならないとしたら、「どこに連れて行かれるのだろう？」「何を言いたいのだろう？」と読者は不安になります。それでも我慢して読んでいって、それでも先が見えないと「こいつ、何を言っているんだ！」と癇癪を起こすでしょう。

接続詞は道標 ＝ 文章の見通しを与える

◆ 文章の快感は見通しから生まれる

　文章を読む快感は「朧気に感じていたことが、目の前ではっきり実現する」ことにあります。その朧気な感じを出すために、物語やストーリーでは「伏線」が用いられます。後になって現れる出来事の一端を、前の方でほんの少し触れておくのですね。

　論文の場合は、こういう「伏線」は必要ありませんが、一つ一つの文が、前に書かれたことに対してある種の小さな解決を与え、滞りなく先に進んでいる、という印象を与える必要があります。つまり、前の文で朧気でも感じたことが、次の文で一部分でも実現されて、よりクリアになっていく必要があるのです。

　その目印になるのが接続詞です。接続詞は、道路標識のようなものです。近くに学校があるという標識があれば、子どもが飛び出してこないかと運転は用心深くなり、たとえ、飛び出てきてもブレーキを速く踏めます。ちょうどそのように、「つまり」があれば次が説明だと分かってゆっくり読むでしょうし、「だから」が来ると、次は論理的帰結だから加速するでしょう。その読みのコントロールと理解がシンクロしたときに、読む快感も生まれ、うまく書いてあるなという感想にもなるのです。

前の文を理解する

　↓ 接続詞＝後の内容の一端を提示

期待の形成

　↓ 期待の実現＝満足

後の文

◆ 「そして」は必ず言い換える

　このように「そして」以外の接続詞は、その意味合いが明確です。しかし、「そして」は何となく前後をつなぐだけで、明確な意味は表しません。だから、接続詞を使うときには、なるべく「そして」を避けて、別な接続詞に換えた方が良いのです。

　たとえば、付け加えを表したいなら「さらに」にして、論理的接続にしたいのなら「だから」「したがって」に代えて、「そして」は出来るだけ使わないようにすべきでしょう。このようにすれば「そして」をまったく使わずに文章を書くことも出来ますし、その方がずっとクリアな文章になるはずです。

「そして」を使いたい ➡ 他の接続詞に言い換える ➡ 意味がクリアになる

◆ 英文の接続詞のルール

　実は、英語でも、日本語の「そして」にあたるandは文頭に立ててはいけません。それどころか、英語における接続詞のルールは、「そしての追放」よりもっと厳しくて「Butも文頭に立てない」のが原則です。

　しかし、日本語では「しかしの追放」まではしなくてもいいでしょう。日本語の「しかし」はやや重い響きのある言葉で、意味的にも逆接であることに紛れはありません。使っても意味が曖昧になることはないので、

自由に使って構いません。

◆ 逆接の二重使用を避ける

　ただ、問題なのは、逆接の接続詞は、うっかりすると二重使用してしまうことです。たとえば、次の文例を見てみましょう。

あこがれの声はため息へと変わり、喜びの声は子犬のように跳ね回る
しかし絶望は言葉を失わせ、怒りは言葉を曇らせる
でも確かな声はことばに力を与え、人を魅了する

　詩の一節のようですが、そのまま読むと何となくこんがらがった感じがしますね。これは「しかし」「でも」と二重に逆接が使われているからです。「しかし」も「でも」も、前文の内容より後文の内容の方が強くなります。したがって、二重に使うと、文意が一度ひっくり返って、また元に戻るという複雑な構造になります。印象も混濁して「いったい、どちらを言いたいのだ?!」と言いたくなるのです。これを避けるためには、次のようにすべきでしょう。

絶望は言葉を失わせ、怒りは言葉を曇らせる
でも、あこがれの声はため息に変わり、喜びの声は子犬のように跳ね回る
確かな声が、ことばに力を与え、人を魅了するのだ

　逆接が一つに整理されたことで、文章の方向性がシンプルになって、最後の「確かな声が……」以降がメッセージの中心であるという印象が強められています。それだけ理解するのも楽になっているのです。

第4章 わかりやすい文の作り方

181

◆ 「また」には気をつける

　日本語で、もう一つ気をつけたいのが「また」の扱いでしょう。これも添加の接続詞なのですが、響きが軽いので簡単に使いがちです。「また……また……」と続けて使うのは簡単なのですが、どうしても続き方が曖昧になります。次の文章を見てみましょう。

　非正規のまま年を重ねた人、結婚・出産などでいったん離職して復職を目指す人が雇用されるには、自分の持つスキルとマッチする企業を見つけることが必要だ。また、どのような人でも、スキルがマッチする企業はあるだろう。また、内閣が「一億総活躍社会」というスローガンを掲げ、一度失敗した人も輝ける社会にしようと謳った。このスローガンを企業が理解すれば、労働状況が改善されるはずだ。

　「また」を使えば、このようにいろいろな状況・情報をつなげられるのはいいのですが、論理関係が明快になりません。たとえば「どのような人でも、スキルがマッチする企業はある」と言うのですが、ちょっと疑問が生じます。実際、ITスキルを持っていたとしても、すぐ古びて時代遅れになります。そういう人材をほしがる企業が果たして出てくるのか？

　さらに、内閣がスローガンを掲げるだけで、企業が雇用を増やすでしょうか？　業績が伸びる見込みがないのに、雇用だけ増やしたら、経営危機に陥ります。雇用を増やすには、まず「景気が良くなるはずだ」と企業自身が判断していなくはいけません。景気がいいなら、政府に言われなくても雇用を増やします。逆に言えば、景気が悪いなら、政府が促しても人は雇わないでしょう。だから、雇用は伸びない。そう考えれば、この文章の言っていることは、ちょっとおかしい。

| または多用しない | → | 理屈に合わない内容でもつなげられる |

◆ 接続詞を代えると理屈も変わる

　このように「また」は、理屈に合わないことでも、平気でつなげてもっともらしく見せるという特徴があります。だからやたらと使わないで、なるべく他の接続詞に言い換えた方が良いのです。今の疑問を入れ込んで、文章を書き換えてみましょう。

非正規のまま年を重ねた人、結婚・出産などでいったん離職して復職を目指す人が雇用されるには、自分の持つスキルとマッチする企業を見つけることが必要だ。しかし、どのような人でも、スキルがマッチする企業はあるとは限らない。たしかに、内閣は「一億総活躍社会」というスローガンを掲げて、一度失敗した人も輝ける社会にしようと謳っているが、このスローガンを企業が理解したところで、客観的状況が整わない限り、すぐさま労働状況が改善されるわけにはいかないだろう。

　第一文は同じ内容なのですが、第二文は疑問が残るので「しかし」と逆接になります。内閣のスローガンも当てにならないので、「たしかに……が」と譲歩の構文でつなぐと、結論は「すぐさま労働状況が改善されるわけにはいかない」となります。なんと、予測した内容が「労働状況が改善される」から「労働状況が改善されない」と反対になってしまいました。

　このように、**接続詞を代えて文のつなぎ方を整理するだけで、文章の中身が変化する**ということがあり得るのです。文のつなぎ方を整理するとは、単に表現を整えるだけではありません。むしろ、それまでの考え

第4章　わかりやすい文の作り方

183

の不十分な点に気づき、構成や内容の点検をする重要なプロセスなのです。

◆ 事実と意見を書き分ける

　論文・レポートは、前述したように、自らが調べた事実やデータと、それを自分なりに解釈して、「この問題に対して、こういう解決が出るのではないか？」と、自分の意見を書く部分からなります。調べた事実やデータについては、「誰が何を言ったのか？」「どこに何が書いてあるのか？」と、元々の出所を明らかにして淡々と書いていけば良いでしょう。

　逆に自分の考えや解釈については、「ここから、こういうことが言えるはずだ」とか「こういう風に考えた方が整合的だ」とか、推論の部分が中心になってきます。推論では、主に論理的な操作が問題になるので、接続詞もそれに従って「だから」「したがって」「それゆえ」「なぜなら……からだ」「というのは」などの論理系のものが多く使われます。

　さらに、その推論を展開するときには「特に」「そもそも」などが使われ、推論に貢献する具体的材料としては「たとえば」「実際」「事実」などを表します。接続詞を工夫することで、事実やデータと解決・主張の部分が明確に書き分けられるわけです。

　もちろん、推論のある部分に注目して、それらを展開したり拡大したりするときには「特に」「まして」「そもそも」「とりわけ」も有効でしょう。あるいは、反対意見などを想定して議論を深める場合には「もちろん……しかし」「たしかに……だが」を使うと便利です。下に、論理的な操作について使う接続詞を、その機能とともに大雑把に分類しておきます。

	接続詞	使うときの機能
論理系	だから、したがって、それゆえ、なぜなら……からだ、というのは	推論する・理由付けする
特定系	とくに、まして、そもそも、とりわけ	部分に注目して展開・拡大
議論系	もちろん……しかし、たしかに……だが	議論の深化
事実系	たとえば、実際、事実	事実・データの叙述
特徴系	それに対して、むしろ	比較・対比する
結論系	このように、結局	結論に導く

　このように、どの文に、どのような接続詞を当てはめるか、という作業を通じて、それぞれの文が何を目指しているか確認できます。したがって、それを通じて、段落がどう構成されているか、も明確になり、段落の構成が明らかになれば、当然、全体の構造も見えてくるはずなのです。

04 わかりやすい文章にするための チェックポイント

　これまでの内容を踏まえて、わかりやすい文章にするためのポイントを列挙してみますので、自分の書いた文章をチェックしてみてください。

◆ わかりやすい文章にする

　わかりやすい文章のポイントは明確、正確、簡潔です。内容が難しくても、このポイントを押さえておくと、主張がはっきりしてきます。

☐ **文末は「だ」「である」調**
　基本は「ですます」調ではなく、「だ」「である」調です。同じ文末が続かないように注意します。

☐ **口語表現を使わない**
　口語表現は主観が入りやすく、論文には不向きです。

☐ **一つの文はなるべく短く**
　文が長いと主張の内容も多くなり、複雑になってきます。一つの主張で一文を書くようにしましょう。

☐ **主語を意識して書く**
　「誰（何）が」を意識することで、書くべき内容がハッキリしてきます。

☐ **主語と述語を対応させる**
　主語をしっかり意識していないと、いつの間にか主語が入れ替わっていて内容が曖昧になります。日本語は特に主語を省略することが多いので、「誰が」「何する」をきちんと対応させることが大切です。述語がなくなるような文章にも注意しましょう。

☐ **不要な修飾は避ける**
　必要のない飾りや心情につられた表現は避け、直接的な言葉で書きま

しょう。

□二重否定は避ける

　「～ではないとは言えない」のような二重に否定が入るもので、内容が曖昧になるのでできるだけ避けること。

□背伸びした言葉はしっかり調べてから使う

　普段使わないような言葉で表現をすると、意図や主張と違う形で伝わることがあります。言葉の意味をきちんと確認して使いましょう。

◆ 客観性を保つ

　論文は、誰が読んでも同じ情報が得られることが基準です。読者に「ここの一文は～のように解釈した」などと言われてはいけません。解釈の余地があるような書き方は避けましょう。

□「～と思う」とは書かない

　自分の考えが書いてあることが普通なので、わざわざ書く必要はありません。

□事実と意見を分ける

　接続詞を使って推論と事実をしっかり書き分けましょう。

□自分の意見と他人の意見をはっきり分ける

　論文はあくまで「自分」の意見を述べるものですから、他人の意見とはきちんと線引きをしなければなりません。先行研究やデータや図表などについては引用元をしっかりと明示しましょう。引用の仕方は付録を参照してください。

□推量的な表現はなるべく使わない

　はっきりとした意見を述べるためにも、確信がもてないような表現は使うべきではありません。「～という可能性もある」などと書いても、その時点で根拠が弱いのであれば、その後の論理展開はすべて可能性の低い状態になります。

□独断的な断定は避ける

　独断的な断定は根拠に薄く、偏見に満ちています。常に自分の主張には根拠があることを確認しましょう。

□私的な内容は入れない

　個人的な経験談による主張などは、客観性に欠けるのでいれるべきではありません。

◆ 明確な論理展開と整理をする

　一文ごとにわかりやすく書かれていても、結局のところ、論文は文の連なりです。基準が明示されていなければ、読者を迷路に迷い込ませることになります。意図に合わせてきちんと整理し、読者をあなたの主張に案内しましょう。

□時系列で整理する

　時間に沿ったストーリーで内容を並べます。

□テーマに沿って整理する

　「誰／何がやったのか」という基準で整理します。

□適切な接続詞を使う

　読者に見通しを与えるための道標です。読み返して確認をし、適切な使用を心がけましょう。

第5章
価値のある論文にするには？

STORY 5　対話の姿勢

私…多くの論文から
わかりやすく書く
コツを盗み

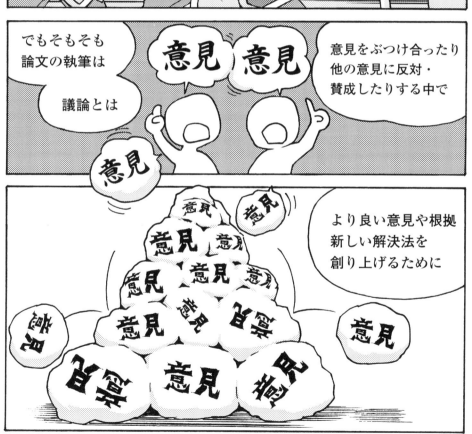

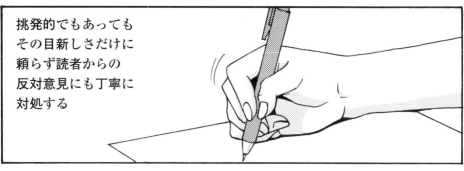

挑発的でもあっても その目新しさだけに 頼らず読者からの 反対意見にも丁寧に 対処する

批判も拒否しないで むしろ歓迎するかのような

反対意見も論破する ばかりではなく 評価したり 取り込んだりすると

問題の捉え方が 深く明確に なるんですよね？

批判が意見や 主張の活性化に つながり社会の 進歩にもつながる

しかし長期的な視点で考えればそれらがもたらす人手不足の解消

つまり労働力が増えるということがどれだけ有益でしょうか

ワークシェアリングによる労働力の増加は企業に業績の安定化もたらしそれにより国は税収のアップが見込め社会に好影響を与えます

つまり昨今の「経済の停滞」を打破するためには人手不足の解消が必要不可欠なのです

ワークシェアリングにより国の経済改革に成功したオランダでは…

…そこで内閣府が行ったシミュレーションによるとワークシェアリングによる雇用創出がもたらす効果は…

…とこれくらい『根拠』を並べてみました！

……

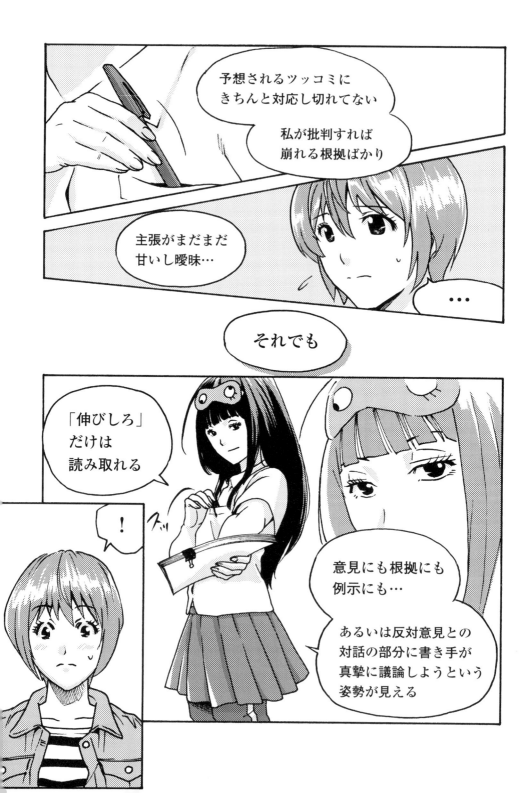

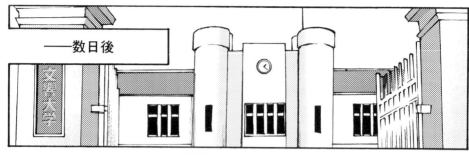

01 批判とバイアスを意識して書く

◆ 対話することで内容を深める

　さて、ここまで「論文・レポートの書き方」を解説してきたわけですが、ここから、単なるノウハウだけでなく、なぜ、こういう書き方にしなければいけないのか、その根本の精神を考えてみましょう。

　古くから、論文の基本は「ソクラテスのメソッド」にあると言われています。ソクラテスはご存じでしょうか？　紀元前四世紀の古代ギリシアの哲学者ですね。彼は生涯に一冊の著書も残しませんでした。でも、彼が何をしたか、何を言ったか、どう生きたか、については弟子のプラトンが膨大な量の書物を残しています。それが2500年ぐらいたってもお手本として残っているわけです。

　ソクラテスが主にやったことは、若者とのおしゃべりでした。相手に問いを与えて、それに答えてもらい、それに対してまたソクラテスが質問をして、また相手に答えてもらう。それを繰り返して、より深い真理や認識にたどりつくという方法です。たとえば、次のような方法です。

ソクラテス「人生で一番大切なものは何だと思う？」
若者「そりゃお金ですよ。お金がたくさんあったら、何でもできるじゃありませんか？」
ソクラテス「じゃ取引をしよう。私は年寄りなので時間が欲しい。君の一生の時間を30年ほど私にくれないか？　そしたら2億円あげよう。どうだい？」
若者「ちょっと待って。それは無理ですよ」
ソクラテス「あれ、君は人生で一番大切なのはお金だって言ったじゃないか？　君に有り余っているものをちょっと私にくれれば良いんだ

よ。こんな良い取引はないと思うけど」

若者「でも、それをやっちゃあ、お金を使う時間が無くなる」

ソクラテス「じゃ、君にとってお金は一番大切なものではないんだ」

若者「そうですね。生命あってのものですから」

ソクラテス「君にとって大切なのは生命だと」

若者「そうです。長生きは大事です」

　この対話を見れば、若者の考えが、ソクラテスからの問いかけによって、最初の「人生＝お金」という認識から、「人生＝生命」という考えに変わっている事が分かります。しかし、この若者の考えは、さらに先まで深めることが出来ます。

ソクラテス「じゃ、君が100歳になって、頭も働かなくなって、自分のものがどこにあるかも分からず、トイレに行くのもままならず垂れ流しという状態でも、当然生きていたいと……」

若者「やめてください、そういう悲惨な未来を想像するのは！　健康でちゃんと判断力がなければ、生きてたって意味ないですよ」

ソクラテス「じゃ、君にとって大切なのは、……」

若者「そうです。ちゃんとした頭の働きですよ。あなたの言葉で理性って言うんですか？　ちぇっ、またやられちゃったな」

　このように、さらに対話を進めていけば「人生で何より大切なのは理性である」という認識に至るわけです。つまり、対話することによって、最初の考えが修正されて、より深いに認識に至る。これが「ソクラテスの方法」です。

　ソクラテスの方法　＝　対話によってより深いに認識に至る

211

◆ 批判を無視せず、検討する

　この深い認識は、どのようにして可能になったのでしょうか？　もちろん、ソクラテスからの批判に対して若者が応答することによってです。「お金が大切」という若者に対して、「お金と時間の２つなら、当然お金を選ぶんだよね？」とソクラテスは問いかける。これは「お金が大切」という最初の考えから、当然出てくる帰結のはずです。しかし、それを仔細に検討してみると、どうもお金は選べない。だから、生命とか時間とか別のものを選ぶ。でも、それに対しても、さらに問いかけられる。検討すると「生命が大事」という考えも不十分であることが分かる。だから……というように、考えがらせん状に深まっていくわけです。

　こういう方法は「アイローネイア」と呼ばれました。現在のアイロニー、つまり皮肉の元になった言葉ですね。でも、現代の「遠回しの悪口」という意味とは違います。むしろ、「考えを突き詰めていくと、こういう結果になりそうだけど、これで本当にいいのかな？」と批判していくがそれはできないので、前提を変えるしかなくなる。現代なら、これは「論破」という言葉に近いかもしれません。

　こういう風に、ある意見に対する批判に対して応答していくことで、考えを深めていくことを議論（Argument）と言います。議論は、別に二人以上でするとは限りません。むしろ、自分がある意見を持ったとき「本当にそれでいいのか？」と自分で検討するのも議論になるのです。

　この議論が自分でちゃんとできるようにならないと「良い論文・レポート」は書けません。なぜなら、他人が読んで「なるほど、そうか！」と納得してもらうには、書き手があらかじめいろいろな疑問を想定して、それにあらかじめ答えておかなくてはならないからです。もし自分が答えられないような質問が出てくれば、それだけ自分の論文・レポートの説得力は弱くなる。つまり、**説得力のある論文を書くには、批判する他者を自分の中でどれだけ想定できるか**、によるのです。別な言い方で言

えば、心の中に「自分を批判し、チェックする他者」を住まわせる能力にかかっているのです。

| 良い論文を書く能力 | = | 自分の中に批判する他者を住まわせる能力 |

◆ 自分のバイアスを振り返る

　実際、自分の意見を表明しただけでは、誰も信用してはくれません。「私の言うことは本当ですよ。だって私は総理大臣なんですよ！」なんて言っただけでは、信用されるわけはありません。総理大臣であろうが大統領であろうが、ウソをつくときはつきます。アメリカの過去の大統領には、ウソをついたために辞めさせられた人がいます。自分の言うことが真実であることを示すには、「自分がエライから」と言うだけではダメです。たとえ、その場はしのげたとしても、そのうち馬脚をあらわしてしまいます。真に納得してもらうには理屈立てて説明し、データや証拠を揃えて、確認してもらわなければなりません。

　このような手順を踏むのは「どうして？」とか「証拠は？」とかいう相手の疑問に先回りして答え、「なるほど、そうか！」と思ってもらうための工夫です。それだけではありません。このように仮想の相手の疑問に対して、先回りして答えることは、ソクラテスとの対話にも見られたように、**自分の最初の思いつきの偏りを正して、より真実に近くする**ことにも通じるのです。当然、論文の説得力が高まるのです。

　たしかに、自分の「思いつき（インスピレーション）」は大事です。発見や発明は、すべてちょっとした思いつきから生まれます。でも、それだけではダメです。それを他人から見て、本当に意味あるものなのか、役に立つものなのか、有効なのか、真実なのか、効果はあるのか、と細かく検討していかなければ、他人を説得することはできません。

　自分だけで正しいと思っていても、それは単に自分のバイアス＝偏り

であることはしばしばです。自分の感じ方、考え方が偏っているかどうかは、他人と照らし合わせてみなければ分かりません。それでも、自分の中に「自分とは違う他者」を住まわせられれば、それに問いかけたらいったい何を言うのか、どう批判してくるかと想像して、その想像した問いかけに応答することで、自分のバイアスや盲点を小さくすることができます。つまり、自分の中で議論することは、自分のバイアスをできる限り小さくし、他人から突っ込まれたときでも、うろたえずに答えられる状態を作ることなのです。

自分で議論する ＝ 認識バイアスを小さくする ➡ 突っ込みに答える説得

　より広い範囲の人に理解できるようにするには、ただ一生懸命言いつのるという「力技」だけでは伝わりません。むしろ「相手がどういう疑問を持つか？」を予想して、それに答えられるように自分を準備していく工夫が必要なのです。

◆ 反証可能性の理論

　科学哲学者カール・ポパーの説によれば、科学とは、そもそも暫定的な真理に過ぎません。つまり、科学的な命題とは、まだ偽や間違いであることが示されていない主張であり、それを修正して、真理に近づく永遠の作業に過ぎないのです。つまり、「もし、こういう事実が示されれば、この命題は誤りである」という手順が明らかになっていることが、その営みが科学であることの判断基準なのです。それを「反証可能性」と言います。逆に言うと、どんな事実やデータが示されても、ある命題や主張が誤りであることが言えないとしたら、それは科学とは言えないのです。

　たとえば、ガンの民間療法と言われるものの大部分は、そういう「反証可能性」がないので「科学」とは言えません。個人的なことで恐縮で

すが、筆者の友人は、ある民間療法を長年行っていましたが、ガンにかかりました。療法の主唱者に、アドバイスを仰いだところ「これこれの療法を実行しなさい」と言われたそうです。そこで、標準医療を受けないで、それを半年ほど実行したところ、体調が悪くなり、病院に行ったところ「治療の遅れで手の施しようがない」と宣告されたそうです。

そこで、主唱者にクレームをつけたところ、「あなたは、私の言ったとおりしなかったから、癌が悪化したのだ」と言われたそうです。「そんなことはない。言われたとおりにした」と抗弁しても、いろいろ難癖を付けては「指示通りしなかったお前が悪い」という結論にしてきました。友人はクレームの電話の後に悔しくて泣いたと言います。結局、三ヶ月後に亡くなりました。

科学であれば、「指示通りにしたのに、癌が悪化した」という段階で、その民間療法の有効性は否定されている、つまり反証されているはずなのですが、主唱者はその「指示」に実行が難しい、さまざまな条件を付けて、結局「指示」を実行できなくしているのです。そうして、癌が悪化しても療法自体は有効であると主張するのですが、こうして自己の「正しさ」を守ろうとする態度こそ非科学の特徴です。

◆ 科学は誤りを前提に発展する

逆に言うと、科学は科学自体が誤ることを前提にしている方法だと言えます。こういう根拠が満たされれば、自分の出した主張は「正しい」が、もしその根拠が満たされなかったら、「間違っていた」と認める。どういう手順をとれば「間違いだと分かるか」、たとえば実験結果でこういうデータが出なかったら間違いとなる、などという方法で明示しているのが、科学という営みなのです。

ソクラテスの問答法も、そういう人間の犯しがちな誤りを検証する方法の一つと言えます。他人からの問いに晒して、自分の主張を検証していく。間違っていることが分かったら、即座にそれまでの主張を廃棄し

て、新しい仮説を考える。それをまた、他人からの検証にかける。これを繰り替えしていくことで、真理により迫っていくわけです。

　論文を書くことも、こういう科学的営為の一つです。誤る可能性を計算に入れて、それを修正・否定する可能性を残しておくのです。言わば「自分の中に、問いかけてくる他人を棲まわせる」ことで、最初は気づかなくても、他人が問いかけてくれる中で、誤りに気づくような可能性を組み込み、問いかけと気づきを繰り返す内に、自分の認識や思考の盲点にも自覚的になるのです。

◆ スムーズに対話するためのスタイル

　今まで述べてきた論文・レポートの全体構造も、この「ソクラテスのメソッド」という視点から捉え直すことができます。まず問題は、ソクラテスの問いかけに対応します。それに対して、はじめは直観で、とりあえず解決を考えて答える。そうすると、ソクラテスならぬ読者は「どうしてそう言えるのか？」と問いかけてくる。それに「なぜなら……からだ」と理由を答えます。読者は「わからないよ。もう少しくわしく説明してよ！」と迫ってくる。だから「つまり……」などと、なるべく詳しくなるべく分かりやすく言い換えます。

　さらに「データはあるの？」「証拠は何？」などと追求されるので、「たとえば……」と例示・データを挙げる。それどころか、読者は積極的に「それは違うんじゃない？　だって……」などと反論してくるかもしれない。そこで「たしかに……かもしれない。しかし……」などと、一応相手の意見を無視しないで、しかし、それがちゃんと検討すると不十分ないし間違いであることを示し、自分の意見の方が正しいとアピールする。

問題　……なのか？／Aは……。それに対してBは……／……であるはずなのに、そうならない

　↓（どうして？）

解決　……である

　↓

理由　なぜなら……からだ

　↓（くわしく説明してほしい）

説明　つまり……

　↓（データ、証拠は？）

例示　たとえば……

　↓

反論　それは違う、なぜなら……

　↓

応答　たしかに……かもしれない。しかし……

　上述のプロセスの中で、カッコに入っている問いかけは、明示しなくても必ず出てくる問いかけなので、どんな場合でも必ず答えておくべき事柄です。それに対して「反論」は、問題や相手によって変わってくるので、どんな反論なのか、状況に合わせて明示する必要があります。このように見れば、前述した「論文の基本構造」はすべて読者と対話するための仕組みであることが分かります。

論文の基本構造 ＝ **読者と対話するための仕組み**

02 書く仕組みは思考のプロセスだ

◆ 論文の構造は思考の構造でもある

　前節のプロセスは単に書き方にとどまるものではありません。むしろ、考えたり構想したりする段階から、我々はこの構造に従わねばならないのです。**物事を考えるとは、この「問題→解決→理由→説明→例示→反論→応答」の順に考えを進めていくことです。**だから、欧米の「論文の書き方」では、プラトンの対話篇がお手本にされることが多いのです。

　もちろん、前にも述べたように、1つの問題を解決することが、次の問題に答えることにつながる場合も出てきます。あるいは、最初に大きな問題を考えたときは、解きやすいように、それをいくつかの小問題に分割しなければならないこともあります。

　たとえば、「人手不足」を解明するには、現在の日本なら労働状況と賃金だけでなく、性別役割分業とワーク・ライフ・バランスなども考察するべきです。まもなく、外国人労働者などというファクターを考える必要も出てくるでしょう。しかも、性別役割分業とワーク・ライフ・バランスは互いに関係し、労働状況と賃金も関係していますから、それらを独立に考えるわけにはいきません。相互の関係も大事です。

```
                    ↗ 賃金 ＋ 労働状況
人手不足 →  性別役割分業 ＋ ワーク・ライフ・バランス
                    ↘ 外国人労働者
```

　このように問題が分割されたら、それらの問題を、「問題→解決→理由→説明→例示→反論→応答」の手順を基本に考えていく。それがまた次の問題につながる……。こういう手順を繰り返していくことで、全体

218

の論文・レポートの構造が見えてくることになります。

```
                  ┌→ 問題1→解決→理由→説明→例示→反論→応答 → 次の問題
  問題の分割 →    ├→ 問題2→解決→理由→説明→例示→反論→応答 → 次の問題
                  └→ 問題3→解決→理由→説明→例示→反論→応答 → 次の問題
```

◆ 見解の修正可能性

　もちろん、これらのプロセスをたどるうち、「何だかおかしいな」と思ったら、今までの考えのどこが変なのか、見直して修正したり、自分で上手く考えつかない場合は、これについて言及している資料がないか探したりします。そうして疑問を解決してから、また考えて書く作業に戻る。そこでまた問題が見つかったら、見直し・修正が必要になる。論文を書く過程とは、この行き来を繰り返す手間のかかる過程なのです。

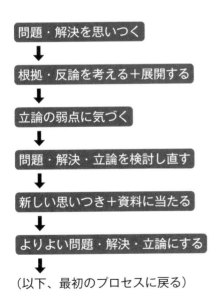

03 メカニズムの解明が提案を生む

◆ 短絡的な提案は無効である

　とくに社会問題は複雑であり、単なる思いつきや短絡的なアイデアでは、解決しません。それどころか、改革や対策をしたがために、かえって事態が悪化したという例も少なくありません。

　たとえば、かつてアメリカでは「飲酒は人間の理性を失わせるので良くない」として「禁酒法」が制定されました。酒の販売を禁止すれば、人間は理性的になるので、社会はもっと平和になると考えたのです。ところが、その結果はどうなったか？　犯罪になっても良いから金儲けしたいギャングたちが酒の販売業を一手に引き受け、しかも、その縄張りを巡って互いに銃撃戦が行われ、多数の死者が出ました。それだけでなく、銃撃戦に一般市民も巻き込まれる、という事態になり、治安はかえって悪くなりました。結局、この法律は廃止されたのです。

　飲酒は良くない ➡ 酒販売を法律で禁止 ➡ ギャングが担当 ➡
　抗争が激化 ➡ 治安の悪化 ➡ 法律の廃止

　この「法律で禁止する」という単純なアイデアが無視しているのは、法律も社会の一部である、という単純な事実です。だから社会が求めないことを法律で実現できるわけではありません。社会を良い方向に向けようとして、「法律を作る」とか「教育する」とかいうようなシンプルなスローガンがよく言われますが、法律も教育も社会の一部なので、社会の外にあるもの（統計学では「独立変数」と言います）ではありません。だから、法律や教育さえ動かしさえすれば社会を変えられるという発想は根本から間違っているのです。

◆ シンプルなスローガンの間違い

　このような矛盾は「教育」でも同じでしょう。たとえば、教育界が現実に対応していないので、企業の効率性を入れて活性化しようと「民間人校長」を採用した事例がありました。しかし、その多くはパワハラなど不祥事をおこして辞職するという顛末になりました。他方で、現場の教師も勤務評定を厳格にして、報酬に差を付けて「やる気」を引きだそうとしました。その結果はどうなったか？　次年度から、その地域での教師志望者が激減して、新任教員を必死で探さなくてならなくなった。これでは、むしろ「教育崩壊」です。

　おそらく、このような失敗は「民間」のやり方が、学校の仕組みと相性が良くないことを無視した結果でしょう。リーダーがいくら命令しても、現場は簡単に変わりません。なぜなら、それぞれの社会・組織では、今までのやり方が強固な習慣になっていて、いくら働きかけても、ゆっくりしか変わらないからです。このような社会のあり方を社会学では「ハビトゥス」と言います。「ハビトゥス」を無視して、強権的に解決しようとしてもうまく行かないことが多いのです。無理にやると、今までの組織を守ろうとする力が働き、誤魔化しや隠蔽が起こることすらあります。結果として、リーダーと現場の人々との間の信頼関係が壊れ、相互に不信感が生まれ、対立した関係になって、問題はかえって悪化します。

`メカニズムを無視した提案` ➡ `現実との齟齬` ➡ `問題が悪化`

　厳格な勤務評定がうまく行かなかったのも、そもそも、「教師になりたい」と思うような人は民間の激しい競争が好きではない、あるいは向いていない人だと考えれば頷けます。仕事する動機が、他人との競争に

勝ってより大きな報酬を得たい、というような人は、わざわざ給料が比較的安い教育界など目指したりしないはずです。むしろ、子どもとふれあいたいとかいう人間関係的な動機が多いでしょう。そういう人々を給料の多寡というビジネスの論理でコントロールしようとしても、うまく行かないのは当然です。

◆ アイデアを検討して深化させる

　このように、最初の思いつきやアイデアは大事なのですが、それは、きちんと検討しないと使い物にはならないどころか、害を及ぼします。対象とするものごとがどのように動いているか、どこに働きかければ変化するのか、十分にメカニズムを解明してからでないと、望ましい方向に変わらないのです。結果だけを直接的に良くしようとすると、禁酒法や教育改革のように無残にも失敗するのです。

提案する ＝ 問題の発生メカニズムを解明 ＋ 働きかけの結果を予測

　論文における解決策とは、刺激的なスローガンを出すことに終わるわけではありません。むしろ、まず問題が発生したメカニズムを分析して、そこに関係する要素を徹底的に解明して、なぜ問題が起こったかを具体的に明らかにし、どこに働きかければ、どういう結果が生まれるかを予想し、その予想に基づいて提案しなければいけません。刺激的で「挑発的」な提案をしたいのなら、それだけ丁寧な議論を必要とするのです。

04 問題を紐解き、対立を超える

◆ 対立を超えて、より深い解決を目指す

　このような構造は、意見が対立している状況の時にさらにハッキリと現れます。対立状況では、賛成と反対がくっきりと分かれるわけですが、その対立にそのまま乗っかって、どちらかの肩を持つという手法はあまり有効ではありません。だから、どちらかの意見に賛成／反対して根拠を並べるという通常の手法では、評価が高い論文は書けないと覚悟しましょう。

　むしろ、**意見が対立しているときには「その対立がどうして起こっているか？」**を分析して、対立する双方の主張の問題点を指摘するところから始めた方が、よりクリアで生産的な議論になることが多いようです。たとえば、次の意見の対立を見てみましょう。

Aさんが日本国内のある駅で電車を待っていたときのことである。英語圏からの旅行者と思われる人が、プラットホームにいた日本人の男性に声をかけた。
—Excuse me.
　突然の呼びかけに、日本人の男性はたじろいでいる。尋ねた人は下り
階段を指さして、
—Exit?
「は？」
—Exit?
「は？」

「（私の指さしている階段は）出口ですか？」と尋ねているのだが、日本人の男性はその意味が理解できない様子である。しばらくして、質問した彼がこう尋ね返す。

―Can you speak English?

日本人の男性はとまどっている。しばらくしてその外国人は

―Oh! Hum.

とため息をつき、両肩をすくめて立ち去っていった。

翌日、Aさんはこの出来事を友人のBさんに語り、次のような感想を付け加えた。「日本に来て日本人にものを尋ねるのに、なぜ日本語を使わないのだろう。使えないのなら、せめて『ワタシハニホンゴガワカラナイ』ぐらいの言葉があって当然だと思う。日本人男性の困り果てた様子を見ていると、尋ねた相手に『郷に入っては郷に従え』と言ってやりたかったよ」

これに対してBさんは次のように言った。「私は『郷に入っては郷に従え』という考えには賛成できないわ。今は国際化の時代だから、英語が話せるとほとんどの国では何とかなるのよ。英語は国際語だという認識が必要なんじゃないかしら。その日本人男性は自分から何もしようとせず、ただうろたえていただけじゃないの」（信州大の入試問題より）

このような事態に対してコメントする場合、自分の意見をどのように構成していったら良いでしょうか？　Aの言うことはもっともだとAに賛成しますか？　でも、外国人旅行客のすべてが日本語を話せるようにする、というのは非現実的な要求でしょう。観光客は、いちいち言語など勉強しません。逆に、旅をきっかけとして、日本語を勉強したい、と思うようになるなら、ありそうなことです。

それとも、Bに賛成しますか？　たしかに、すべての人が「英語をし

ゃべれる」ようになるのは理想的でしょう。しかし、日本では何十年も
「英語教育の大事さ」が言われているのに、未だに英語が得意でない人
の方が多いという有様なのですから、理想にたどりつくまでの道は険し
そうですし、そもそも期待できないかもしれません。これもまた現実的
とは言えないでしょう。だから、どちらの立場を取っても、主張は非現
実的にならざるを得ません。

◆ 根本に戻って問題を紐解く

　しかし、本当に日本人男性と外国人旅行者の間で起こったことは、A、
Bが言うように、日本語をしゃべるべきか英語をしゃべるべきか、とい
う対立なのでしょうか？

　というのは、どうなれば、日本人男性と外国人旅行者の出会いがより
幸福なものになったのか考えれば、事態はもう少し明瞭になるからです。
外国人旅行者の知りたかったのは、ここが「出口かどうか？」だけです。
どうしても、出口かどうかを知りたいのなら、なぜ、相手には英語が通
じそうもないことが分かった時点で、身振り手振りに切り替えなかった
のでしょうか？　簡単な内容なのですから、おそらく通じたはずです。
それなのに、そうしなかったのは「英語なら通じるはずだし、通じなけ
ればおかしい」という思い込みがあった。だから、英語を話せない人は
ダメだな、という反応にもなったのではないでしょうか？

　それに対して、日本人男性の反応もちょっとおかしい。英語が分から
ないなら、駅員とか、分かりそうな誰かを呼べば良かったのではないで
しょうか？　そもそもAはこの事件を見ていたのですから、比較的近く
にいたはずです。なぜ、彼に依頼しなかったのか？

　あるいは、相手に「オレ、英語分からないからさ。日本語で言って
よ！」とか "No English!" とか言って、身振り手振りを要求すれば応
じてもらえたでしょう。なぜ、戸惑っているだけなのか？　おそらく
「英語で問いかけられたら、英語で答えるべきだ。できない私が悪い」

という思い込みがあったからでしょう。

　とすれば、この外国人旅行者と日本人の考えは奇妙に一致していることになります。どちらも「外国人同士のコミュニケーションは英語に限る」と考えているわけです。対立しているように見えて、実は同じことを考えているのです。

対立する ＝ しばしば問題が一致している

　でも、これは明らかにおかしいでしょう。出口かどうかを、手振り身振りで聞くことは難しくない。それなのに、この二人は「英語なら通じるはずだ／通じるべきだ」という思い込みに囚われているので、そういう方法を試してみようとさえしない。しかも、それを見聞きしたAやBも「手振り身振りでやればいいじゃないの！」と思わずに「英語をしゃべるべきか」「日本語をしゃべるべきか」という対立に陥ってしまっています。

　これがもしロシア人からロシア語で問いかけられたら、こういう展開になったでしょうか？　言葉が違う人同士が出会った場合、言葉で何とかしようとしても無駄であり、別なコミュニケーションを試してみるべきなのです。そう考えれば、AとBの理解がおかしいことがよく分かります。つまり、ここに出てくる人々は、みな根本的に思い違いをしているのです。

◆ 問題の文言を丁寧に考える

　この課題文については、次のような設問がなされていました。

課題　AさんとBさんの考えに対して、あなたはどのような立場・見解をとるか根拠を挙げて説明し、上記のエピソードにかかわらせ

ながら、文化、言葉、コミュニケーションに関するあなたの考え方を800字以内で論述しなさい。なお、論述する内容は文化、言葉、コミュニケーシンのいずれか一つに関するものであっても、これらのいくつかを関連させたものであってもよい。

どういう解答になるかはもうお分かりだと思います。この課題に対して、「Aが正しいか？」「Bが正しいか？」という二者択一で発想するのは間違ったアプローチです。どんなに根拠が充実していても、どんなに例示が豊かでも、「Aが正しいか？　それともBが正しいか？」という問題を立てた時点で評価は低くなることを覚悟しましょう。

実際、設問にはヒントとして「言葉」だけでなく、「コミュニケーション」という文言が示されています。つまり、「コミュニケーションとは何か？　どうあるべきか？」というより一般化された考察なしに、課題文で出てきた対立構造に乗り、賛成／反対を言うだけではダメなのです。

たしかに、この問題は、大学入試の単なる小論文問題にすぎないので、大学で課される論文・レポートとはレベルが違います。しかしながら、要求されている発想自体はけっして初歩的なものではありません。実は、大学で論文・レポートを課題にする場合でも、狙い通りの発想をしてもらうべく、教師は課題の表現に工夫を凝らします。かつてのように「……について知ることを記せ」などという工夫のない課題はむしろ少ないし、解答の仕方が特定されているので採点・評価も楽でしょう。逆にレポートを書く者としては、どういう方向の、どういうレベルの解答が要求されているのか、課題の文言から理解する力が必要となるのです。

この課題に対する解答を800字程度で下に出しておきます。

Aの「郷に入っては郷に従え」と、Bの「英語は国際語という認識が必要」は、どちらも一見納得できる。ただ、これらは、困っている旅行者の手助けにはならない。彼に「郷に従え」と説教するのは、正論ではあっても、旅行者にとっては過大な要求だろう。他方で、日本人男性が「国際語と認識」したところで、その場で突然英語を使えることにもならない。

　むしろ、日本人が旅行者にうまく対応できなかったのは、言語でのコミュニケーションにこだわりすぎたせいであろう。外国語を理解できなくても、ほかの人を呼んだり駅事務室に案内したりできたし、何の質問か分からないなら、身振りで「よく分からない」と伝えることも難しくない。それもできないで固まってしまうのは、英語を特別視して恐れているからだろう。外国語を聞き取れないのは珍しくないことなのに、自分ができないことばかり気になって、相手の反応を直接見ようとしない。だから、コミュニケーションが取れないのである。

　一方、旅行者の態度もおかしい。初めは「出口がどこか？」を聞いていたはずなのに、途中から、相手の「英語ができない」ことに対して苛立ち、果てはあからさまに軽蔑の身振りまで示す。内容より伝達手段の巧拙に会話の焦点が移っているのだ。本当に出口かどうか知りたかったのなら、英語が不自由な相手に、身振りでも絵でも使って伝えればいいのに、その最小限の努力もしない。このような強圧的態度に対して、日本人が脅えるのも無理はない。

　その意味で言えば、Aの「郷に入ったら郷に従え」と突っぱねる態度も、Bの「英語が国際語だという認識を持て」という主張も的をはずしている。コミュニケーションで大切なのは、言葉のやりとりを完璧にすることではなく、臨機応変に状況に対応して、その場で互いに理解する能力だ。英語を巧みにあやつるより、その能力の方が「国際化」には役立つはずだ。（782字）

◆ 問題の枠組みを拡げる

「日本か世界か」「あれかこれか」と、現在提示されている枠組みに従って理屈立てるだけでなく、その提示されている枠組み自体を問題化して検討する。こういうことが出来れば、論文としてはいちだん高いレベルに達することができます。「価値ある論文」というものがあるとすれば、こんな風に発想のレベルを一段階上げたものでしょう。

論文では「独創性」が高く評価されます。凡庸な内容は論文の名に値しません。しかし、先述したように独創的になろうとして、何でもかんでも常識に逆らえば良い、というものでもありません。たとえば、倫理学で「人を殺してはならない」という常識に反対して「人を殺しても構わない」などと主張すれば、独創的になるわけではありません。それは、単にすぐ考えつくひっくり返しに過ぎず、凡庸であることに違いはないのです。

真の「独創性」は、そんな単純なひっくり返しで実現されるわけなく、むしろ、今までの発想レベルを変え、新しい角度から問題を考える道を開くものです。たしかに、学生という身分で、そんな発想をすることはなかなか難しいかもしれません。それでも、学問が目指す「独創性」の方向については、十分理解し、自覚しておくべきです。そういう目標があってこそ、自分が努力すべき方向も見えてくるし、勉強しなくちゃ、という謙虚な態度も出てくるはずです。論文・レポートを書くことで、ぜひ、そういう学問や勉強という営みの素晴らしさに気づいていただきたいと思います。

付録　論文の作法

◆ 引用の書き方

①引用の基準と条件

　「事実と意見」、「他者の意見と自分の意見」を分けるため、他者の調査・研究によって判明したことについては、必ず引用しましょう。

引用をする際はその出典情報を参考文献として記載してください。

②引用方法の基本

→直接引用では記述そのままを引用する

●短い引用の例（「　」で囲む）

吉岡は「学問の本質が『独創性』にあるからです」（吉岡、2019a、p.18）と述べている。

●長い引用の例

（1行アケ、2字下げ、長い時は必要部だけを残し（中略）で省略）

吉岡は次のように主張する。

　　では、論文では何を書くのか？　それは自分の意見です。（中略）自分なりの解決法を意見として提出する。（吉岡、2019a、p.15）

ここでは、～

→間接引用では引用したい部分を要約し簡潔に述べる

吉岡（2019a）は学問の本質は独創性だと述べている

---

③直接引用に変更を加える場合のポイント

●傍点（引用の中でも強調したい点に傍点を入れる場合）

吉岡は「読んだ資料をまとめて終わるだけでは評価されません。」（吉岡、2019a、p.18、傍点引用者）と述べている。

●代名詞（引用の中に代名詞があり内容がわからない場合）

吉岡は「それ（＝論文で書くこと）は自分の意見です。」（吉岡、2019a、p.15、括弧内引用者）と述べている。

◆ 参考文献の書き方

①参考文献の基準と条件

引用をした場合は、参考文献の一覧を掲載しなくてはいけません。また学問の分野や担当の教員によって、表記のルールが違いますので、よく確認する必要があります。

②参考文献の基本

吉岡友治（2019a）『マンガでやさしくわかる論文・レポートの書き方』日本能率協会マネジメントセンター

吉岡友治（2019b）「第3章　論理的な文章とは」丸田卓治編『世界一わかりやすい論文を書く技術』あいう出版　p.35-52

吉岡友治・丸田卓治（2019）『論理的な文章が9割──確実に伝える基本』かきく出版

丸田卓治（2015）「論理的な文章の必要性」『月刊論文』第12巻8号あいう出版　p.12-15

「論文　書けない学生急増」『論文新聞』2019年12月3日号　p.1

論文コーチングmaruta「論文の構成はシンプル」https://www.×××
×××.jp 2019年3月24日

Yuji Yoshioka（2019）, How to write a great thesis, Aiu books

【ポイント】

・基本の形は、著者名（出版年）『書名』（シリーズ名）出版社名
・同じ著者で同じ年度の発行がある場合は年数の後にa、bなどと入れる
・共著の場合は「・」でつなぐ
・副題の前には全角スペースかダーシを2つ入れる
・収録されている論文などは、論文著者名（出版年）「論文タイトル」論文の主著者（編者）『論文書名』出版社名　論文該当頁
・雑誌などに掲載されているものは巻数と号数を明記する
・新聞の場合は、「記事名」『新聞名』発行日　該当頁
・HPの場合は、運営者「記事名」URL 参照日
・外国書籍の場合は基本は同じだが「,」でつなぐ

◆ 基本の表記ルール

●用字用語は統一する

表記を統一することは、内容の信頼感に繋がります。表記を統一しないと、読みにくく雑な印象を与え、無用な混乱・誤解を読者に与えてしまう可能性が出てきます。例えば同じ意味で「レポート」と「報告書」を両方使っていても、読者には別のものとして扱っているのかという疑問が浮かんでくる恐れが出てきてしまいます。そうしたことを防ぐためにも、使われる用字用語は統一しましょう。

●同音異義語

「対象・対照・対称」など、意味の違いに気をつけてください。タイプによる変換ミスなどは、言葉の理解とは別に起こりうることなので、きちんと読み返してチェックする必要があります。また知識として曖昧なものは、しっかりと確認した上で、使用してください。

●漢字とひらがな

常用漢字のみを使用して、出版物の表記を参考にしてください。知的な印象を得るために、漢字を多く使用してしまいがちですが、読みやすい言葉で書くのが基本です。「又→また」「更に→さらに」「但し→ただし」「若しくは→もしくは」「尚→なお」など、接続詞はひらがなに開くのが一般的です。

●句読点

論文では「、／。」「，／。」「，／．」の3つが使われます。どれかに統一して使いましょう。読点の打ち方は特に決まりはありませんが、読みやすくなるように、意味の切れ目と文節の長さを意識するのが良いでしょう。定番は、「主義の後（私は、～）」「接続詞の後（しかし、～）」「条件の後（～した時、）」「連用形（調査し、～）」です。

●数字

横書きではアラビア数字を使い統一します。1桁は全角、2桁以上は半角と

します。熟語や慣用表現は漢数字にしましょう。

●記号
「 」（カギカッコ）
発言や引用の内容を区別するため、その言葉自体に言及するために使いましょう。強調の意味でも使われていますが、使い分けが難しくなり、意図しない意味を与えてしまうかもしれません。

『 』（二重カギカッコ）
基本的に書名・雑誌名・映画・曲など作品名と、「 」中に「 」を使う場合に使います。

（ ）（カッコ、パーレン）
注記・補足を示す、引用の出典を示すために使います。

カッコ類は他にも〈 〉（山カッコ）、《 》（二重山カッコ）、［ ］（角カッコ）、〔 〕（亀甲カッコ）、【 】（隅付きカッコ）などがありますが、これらは特に日本語の文法上で規定された用途はありません。使いすぎるとわかりにくくなるので、できるだけ使わないようにするのが良いでしょう。また分野によっては慣例的に使用しているものもありますので、そのルールに準じて使用しましょう。

？ ！（疑問符・感嘆符）
基本的には論文ではこれらの記号は使いません。

・（中黒）
名詞を併記する際や、外国語の単語の切れ目を示す、縦組み時に漢数字で小数点や日付を示すために使われます。

…（三点リーダ）
一部を省略するため、項目をつなぐために使用します。

― （ダッシュまたはダーシ）

区間や範囲を表す、単語間の関係性（並列、対照、方向、対立）を表す、また説明や副題などにつなげます。

単位（%、m、㎞、㎠）

単位はカタカナで「パーセント」などとせずに、記号を使いましょう。

●欧文

欧文は基本的に半角を用いて表記します。

●人名・機関名

論文中に出てくる人名は敬称をつけず、呼び捨てになります。先行研究などで著者などを紹介する際は、恩師であっても〜先生などと敬称はつけません。

●略語・略称

日常的に使われているものであれば、使用して良いでしょう。しかし、日常的かどうかの基準は、自分が使用しているというものではなく、国語辞典などに掲載されているかという客観的な基準で考えましょう。専門的な領域であれば、一般的ではなくても使用した方が良い場合もあります。

●俗語

くだけた言葉のことです。一部の人にしか伝わらないような言葉は、あまり使わないようにしましょう。

●差別用語

使用するべきではないことは言うまでもないですが、知らずに使っている場合もありますので、一度調べて理解をしておくと良いでしょう。「外人」などは差別用語にあたり、「外国人」と表記する必要があります。

◆ 最後に見てほしいチェック項目

■書式・体裁・構成（教員のルールにしたがいましょう）
□用紙のサイズは指定通りか？

□フォントはサイズと種類が統一できているか？

□上下左右の余白はあるか？

□ノンブル（ページ数の記載）はあるか？

□学籍番号、氏名は書いてあるか？

□字数は守られているか？

□章や見出しの番号に間違いはないか？

■内容
□タイトルはわかりやすいか？

□一文は長すぎないか？

□序論・本論・結論ができているか？

□その中に問題の提起と解決、その根拠が記されているか？

□根拠は納得がいく客観的な適切なものか？

□注は適切につけているか？

□引用は適切な処理がされているか？

□参考文献は漏れなくきちんと紹介されているか？

■表記
□用字用語は統一できているか？

□意味通りの言葉を使っているか？

□漢字で書くかひらがなで書くか？

□数字の使い方は統一できているか？

□記号の使い方はきちんとできているか（句読点、単位、カッコ、中黒、ダーシなど）？

□略語・略称の使用基準は適切か？

□俗語を使ってないか？

□差別用語を使ってないか？

付録　論文の作法

●著者プロフィール

吉岡友治 yuji yoshioka

宮城県仙台市生まれ。東京大学文学部社会学科卒。シカゴ大学人文学修士課程修了。比較文学・演劇理論専攻。竹内演劇研究所・駿台予備学校・代々木ゼミナール講師などを経て、現在「vocabow小論術」校長。主にロースクール・MBA・医学部編入学など大学・大学院入試の小論文・論理指導に携わるとともに、企業・高校・大学などでも指導・講演を行っている。著書は『シカゴ・スタイルに学ぶ論理的に考え、書く技術』（草思社）『東大入試に学ぶロジカルライティング』（ちくま書房）『社会人入試の小論文　思考のメソッドとまとめ方』（実務教育出版）『必ずわかる！　○○主義事典』（PHP）など多数。インドネシア・バリ島にも本拠地を持ち、日本と行き来しつつ活動している。

編集協力：MICHE Company. LLC
シナリオ制作：青木健生
作画・カバーイラスト：山本幸男

マンガでやさしくわかる
論文・レポートの書き方

2019年6月30日　　初版第1刷発行
2024年7月10日　　　　第3刷発行

著　者——吉岡友治
　　　　　©2019 Yuji Yoshioka
発行者——張 士洛
発行所——日本能率協会マネジメントセンター
〒103-6009　東京都中央区日本橋2-7-1　東京日本橋タワー
TEL　03(6362)4339(編集)／03(6362)4558(販売)
FAX　03(3272)8127(編集・販売)
https://www.jmam.co.jp/

装　丁——ホリウチミホ（ニクスインク）
本文DTP——株式会社明昌堂
印刷所——シナノ書籍印刷株式会社
製本所——株式会社三森製本所

本書の内容の一部または全部を無断で複写複製（コピー）することは、
法律で認められた場合を除き、著作者および出版者の権利の侵害となり
ますので、あらかじめ小社あて許諾を求めてください。

ISBN 978-4-8207-2742-2　C2034
落丁・乱丁はおとりかえします。
PRINTED IN JAPAN

マンガでやさしくわかるNLP

山崎　啓支 著　サノ　マリナ 作画
四六判240頁

能力開発の実践手法・NLP(神経言語プログラミング)。その基本を、マンガを交えてわかりやすく紹介します。
コーヒーチェーンの新米店長を主人公に、NLPでさまざまな課題を克服して、理想的な"自分"を手に入れるまでを描きます。
ストーリー部分でざっくり理解し、解説部分で、プログラムの仕組み、修正方法など、基本知識から基礎的な実践手法をしっかり学ぶことができます。

JMAM の本

マンガでやさしくわかる
中学生・高校生のための手帳の使い方

NOLTYプランナーズ 監修
日本能率協会マネジメントセンター 編
葛城　かえで シナリオ制作　　姫野　よしかず 作画
四六判184頁

近年、中学校や高校での手帳活用が広がっています。なかでも、ビジネス手帳のノウハウを中学生・高校生向けに改良した「NOLTYスコラ」シリーズの手帳はすでに全国935校で採用され、27万人の学生のみなさんの生活や学習を支えています。本書は、そこで培ったノウハウをもとに、手帳をはじめて使う学生のための手帳活用の基本をまとめました。PDCAの回し方、計画力、書く力など、これから生きていく上で欠かせない大切な力を育むことができます。
マンガのストーリーと解説のサンドイッチ形式で展開していますので、気軽に楽しみながら手帳の使い方が学べます。

JMAMの本

改訂3版 マンガでやさしくわかる 日商簿記3級

前田　信弘 著　絶牙 作画
A5判336頁

日本有数のマンモス試験、日商簿記3級。硬い用語を読むだけではなかなか理解しづらいその内容を、マンガと解説・例題でしっかり理解に落とし込む一冊です。
突如、お荷物子会社の社長へと、実質リストラの出向辞令が下った博美。元の職場に戻る条件として、日商簿記3級合格の指令が与えられ、会話が苦手な揚羽の協力を得ながら、合格を目指します。
経営と簿記に悪戦苦闘する成長ストーリーとやさしい本文の解説・例題で簿記の苦手意識がなくなります。
今回の改訂は、出題範囲と試験方式の変更を踏まえたものです。